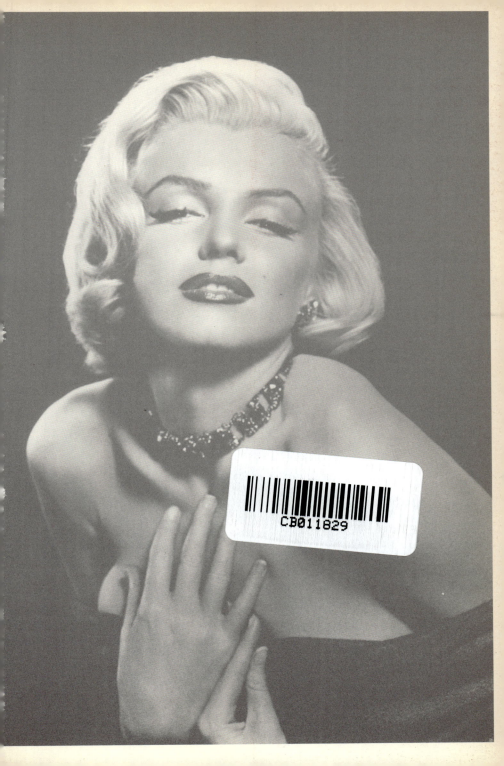

COLIN CLARK

Minha semana com
MARILYN

Tradução
Carmen Fischer

Título original: *My week with Marilyn*

Copyright © 2000 Colin Clark
Copyright da edição brasileira © 2012 Editora Pensamento-Cultrix Ltda.

Texto de acordo com as novas regras ortográficas da língua portuguesa.

1ª edição 2012.

Todos os direitos reservados. Nenhuma parte deste livro pode ser reproduzida ou usada de qualquer forma ou por qualquer meio, eletrônico ou mecânico, inclusive fotocópias, gravações ou sistema de armazenamento em banco de dados, sem permissão por escrito, exceto nos casos de trechos curtos citados em resenhas críticas ou artigos de revistas.

A Editora Seoman não se responsabiliza por eventuais mudanças ocorridas nos endereços convencionais ou eletrônicos citados neste livro.

Coordenação editorial: Manoel Lauand
Projeto gráfico: Gabriela Guenther
Editoração eletrônica: Estúdio Sambaqui
Foto da pág.1: © Interfoto/Latinstock

Dados Internacionais de Catalogação na Publicação (CIP)
(Câmara Brasileira do Livro, SP, Brasil)

Clark, Colin
    Minha semana com Marilyn / Colin Clark ; tradução Carmen Fischer. -- São Paulo : Seoman, 2012.

    Título original: My week with Marilyn
    ISBN 978-85-98903-36-1

    1. Clark, Colin, 1932 - Diários 2. Estúdios de cinema - Inglaterra - Funcionários - Diários 3. Monroe, Marilyn, 1926-1962 4. Prince and the showgirl (Filme) I. Título.

11-13414	CDD-791.430292

Índices para catálogo sistemático:
1. Funcionários de estúdios de cinema : Diários
791.430292

Seoman é um selo editorial da Pensamento-Cultrix.
Direitos de tradução para o Brasil adquiridos com exclusividade pela
EDITORA PENSAMENTO-CULTRIX LTDA.
R. Dr. Mário Vicente, 368 – 04270-000 – São Paulo, SP
Fone: (11) 2066-9000 – Fax: (11) 2066-9008
E-mail: atendimento@editoraseoman.com.br
http://www.editoraseoman.com.br
que se reserva a propriedade literária desta tradução.
Foi feito o depósito legal.

Para Christopher

SUMÁRIO

Introdução *9*

Minha semana com Marilyn *13*

P.S. (pós-escrito) *148*

Apêndice: Carta de Colin Clark
para Peter Pitt-Millward *152*

Marilyn Monroe e seu novo marido, o dramaturgo Arthur Miller, indo para Londres, em 1956, para as filmagens de O *Príncipe Encantado*.
(© Everett Collection/Everett/Latinstock)

INTRODUÇÃO

APESAR DE EU TER PASSADO toda a minha vida escrevendo diários, este livro não é nenhum diário. É um conto de fadas, um interlúdio, um episódio fora do espaço e do tempo que, no entanto, ocorreu na vida real. E por que não? Eu acredito em mágica. A minha vida, como a da maioria das pessoas, é feita de uma sucessão de pequenos milagres — estranhas coincidências que resultam de impulsos incontroláveis e dão origem a sonhos incompreensíveis. Passamos grande parte da vida fingindo que somos normais, mas por baixo da superfície todos nós sabemos que somos únicos.

Este livro se propõe a descrever um milagre — alguns dias de minha vida em que um sonho se tornou realidade e meu único talento foi não fechar os olhos. É claro que naquele momento eu não sabia bem de que milagre se tratava. Eu havia sido criado num mundo de "faz de conta". A lembrança mais antiga que guardo de meus pais é a de seres distantes e maravilhosos vistos apenas tarde da noite, totalmente vestidos com trajes a rigor. Todos os amigos deles também pareciam seres exóticos. Atores, artistas, bailarinas e cantores de ópera enchiam a nossa casa com uma sensação maravilhosa de excitamento e irrealidade.

E havia também Alan, o meu irmão mais velho. Alan tinha já naquela época uma imaginação sem limites. Minha irmã gêmea e eu nos submetíamos inteiramente a seus encantos e ele nos levava a uma sucessão de aventuras e jogos fantásticos. Não foi, portanto, nenhuma grande surpresa quando, aos doze anos de idade, eu decidi que o "show business" seria um dia o mundo em que eu viveria; e é nele que eu tenho vivido desde então.

O primeiro trabalho que eu consegui, aos vinte e três anos, foi no verão de 1956 para a filmagem de um filme intitulado *O Príncipe Encantado*, estrelando Laurence Olivier e Marilyn Monroe. Eu havia acabado de sair da universidade e não tinha absolutamente nenhuma experiência profissional. Eu só obtive o emprego porque meus pais eram amigos de Laurence Olivier e de sua esposa, Vivien Leigh. O casal Olivier visitava com frequência a nossa casa, o Castelo Saltwood, em Kent, e faziam parte de minha família ampliada.

A notícia de que Olivier, o mais famoso ator clássico de sua geração, ia fazer um filme com Marilyn Monroe, a famosa estrela de cinema de Hollywood, causou uma grande sensação. Marilyn ia fazer o papel que havia sido representado pela própria Vivien na peça de teatro de Terence Rattigan na qual o filme era baseado. Até então ela havia representado apenas papéis muito pequenos em espetáculos de variedades como *stripper* ou corista. Em 1955, depois de se debater com um enorme dilema, ela renegociou seu contrato com a Twentieth Century-Fox e anunciou sua intenção de fazer atuações mais sérias. Deixar de fazer papéis estereotipados nunca é fácil, especialmente no cinema. Seu primeiro "novo" papel tinha sido o de uma *stripper* (em *Bus Stop / Nunca Fui Santa*) e o segundo, escolhido para ela por Milton Greene, seu sócio na recém-formada empresa Marilyn Monroe Productions, foi o de uma corista. O único elemento "sério" de ambos esses filmes era o fato de serem de autores "sérios". *Nunca Fui Santa* foi baseado numa peça de teatro de William Inge e *O Príncipe Encantado* numa peça de Terence Rattigan [*The Sleeping Prince*].

A filmagem de *The Prince and the Showgirl*, como acabou sendo intitulado (foi decidido que o título deveria incluir uma referência à personagem de Marilyn), andou mal desde o começo. Olivier protegia Monroe e a tratava como uma loira estúpida. Como era exatamente disso que estava tentando se livrar, ela se ressentia profundamente. Também afetou drasticamente sua autoconfiança e, em consequência disso, ela procurava constantemente os conselhos de sua professora de artes dramáticas, Paula Strasberg, em quem Olivier não confiava. O marido de Paula, Lee Strasberg, o diretor do *Actors Studio* de Nova York, tentava controlar Monroe através do Atlântico. Ao mesmo tempo, ele estava conseguindo um salário exorbitante para sua esposa, fato pelo qual ele se tornou extremamente impopular. O novo marido de Monroe, o dramaturgo Arthur Miller, a tratava como uma criança problemática, o que também servia para enfraquecer sua autoconfiança. Milton Greene estava desesperado por manter "sua" estrela sob controle e a deixava tomar mais medicações vendidas sob prescrição médica do que seria sensato. Mas Monroe estava decidida a mostrar que era capaz de atuar, mesmo se sentindo inadequada diante de Olivier e da equipe inglesa altamente profissional que ele havia formado especialmente para trabalhar no filme.

Desde o primeiro dia das filmagens como terceiro assistente de direção — o mais baixo de todos — eu escrevia num diário tudo que observava. Eu pretendia transcrevê-lo depois que a filmagem tivesse acabado, mas minhas anotações se mostraram confusas e difíceis de ler e eu simplesmente coloquei o material de lado e esqueci o assunto. Quarenta anos mais tarde, eu desencavei e voltei a ler o material, que foi posteriormente publicado sob o título *The Prince, the Showgirl and Me*.

Um episódio, no entanto, não foi registrado em meu diário.

Por nove dias no meio da filmagem, eu não fiz absolutamente nenhuma anotação. De repente, e de maneira totalmente inesperada, aconteceu algo tão dramático e extraordinário que me foi impossível incluir em minhas escrevinhações diárias. Por um breve período, a atenção dos principais participantes — Olivier, Greene e, acima de tudo, Marilyn — pareceu focada em mim. Foi como se um holofote tivesse girado e, sem nenhum motivo particular, me escolhido como o herói ou vilão da história.

Quando a vida voltou ao normal, eu retomei a escrita de meu diário. Fiz anotações sobre o que achei que fossem os eventos decisivos daqueles dias "perdidos", mas isso foi tudo. Foi só quando a filmagem terminou que eu pude voltar a escrever sobre o que havia acontecido, na forma de uma carta ao amigo para o qual eu estava escrevendo o diário.

Esta é, portanto, a história daqueles nove dias que não constam do diário. É claro que ela vai muito além da carta (cujo texto é reproduzido em forma de apêndice, no fim do livro), mas eu não apresento nenhuma justificativa para isso. O episódio inteiro continua tão vivo em minha memória que é como se tivesse ocorrido ontem.

Eu jamais poderia ter escrito este relato enquanto Marilyn viveu. Eu o faço agora como um humilde tributo a alguém que mudou a minha vida e cuja vida eu gostaria de ter podido salvar.

❖ ❖ ❖

Terça-feira, 11 de Setembro
1956

"Não dá para Roger tomar conta disso?" Milton Greene perguntou.

Milton e eu estávamos andando de um lado para outro do pequeno novo gramado do lado de fora do camarim de Marilyn Monroe nos Pinewood Studios. Como de costume, Milton não estava conseguindo chegar a uma conclusão.

"Não sei se alguém da equipe de filmagem deveria se aproximar de sua casa, Colin. Nem mesmo você."

"Eu aluguei esta casa para Marilyn, assim como aluguei a de vocês", eu respondi. "Contratei Roger para ser seu guarda-costas, como também contratei seu cozinheiro, seu mordomo e seu chofer. Eu conheço bem todos eles. Se não formos extremamente cautelosos, eles simplesmente irão embora. Roger é um homem muito bom, mas é um policial. Ele está acostumado a lidar apenas com subordinados. Você não pode tratar os empregados dessa maneira. Você tem que agir como se eles fizessem parte da família. Acredite em mim, Milton, conheço bem esse tipo de problemas. Minha mãe se preocupa mais com seu cozinheiro do que comigo."

Milton soltou um suspiro. Ele não havia medido esforços — e feito uma quantidade considerável de despesas — para assegurar por todos os meios que Marilyn ficasse totalmente satisfeita com tudo. Uma suíte suntuosa havia sido construída para ser seu camarim no antigo bloco de maquilagem dos estúdios Pinewood, todo bege e branco, e eu havia alugado a casa mais linda que consegui encontrar — a Parkside House na Englefield Green, a alguns quilômetros dali, que pertencia a Garrett e Joan Moore, velhos amigos de meus pais. Apesar de tudo isso, Marilyn não estava nada satisfeita e em seu modo de andar, Milton deixava claro seu desconforto.

"Tudo bem, Colin, vá lá se tiver que ir. Não podemos nos arriscar a perder os empregados. Marilyn ficaria enfurecida. Mas o que quer que você faça, não deixe que ela veja. Você é, afinal, o assistente pessoal de Laurence Olivier. E, pelo visto, ela não vem demonstrando muita simpatia por ele nesses últimos dias."

Aquilo era totalmente verdadeiro. Depois de apenas três semanas de filmagem, um abismo havia se criado entre as duas grandes estrelas e todo mundo tinha começado a tomar partido. Toda a equipe britânica havia sido escolhida por Olivier para dar a ele o máximo de apoio. Marilyn havia trazido de Hollywood apenas uma pequena equipe — incluindo seu maquilador e seu cabeleireiro — e, àquela altura, todos já haviam ido embora. Ela não tinha ninguém para apoiá-la no estúdio a não ser Paula Strasberg, sua professora de artes dramáticas. É claro que ela também tinha seu novo marido, o dramaturgo Arthur Miller (cujo casamento — o terceiro dela e o segundo dele — havia ocorrido duas semanas antes de eles virem para a Inglaterra), mas ele havia jurado não interferir de maneira alguma nas filmagens.

Milton era sócio e coprodutor de Marilyn, mas ela parecia não dar mais a ele a mesma importância que dera no passado — provavelmente porque Miller se ressentia do fato de Milton ter sido seu amante — e, por isso, ele precisava de todos os aliados que conseguisse arrebanhar para o seu lado. Eu era apenas o terceiro assistente de direção do filme — a pessoa em quem todo mundo mandava — e, como tal, eu não chegava a ser uma ameaça para ninguém, mas Marilyn havia sempre demonstrado simpatia por mim quando alguém gritava comigo, isso se e quando ela chegava a me notar. Ao mesmo tempo, eu era o assistente pessoal de Olivier e, como tal, eu tinha, às vezes, o acesso a ele que Milton não tinha. Milton havia, portanto, decidido que ele e eu seríamos amigos. Naquela ocasião, ele havia provavelmente concluído que o que eu realmente queria era uma desculpa para ir à casa de Marilyn; e provavelmente ele estava certo. Afinal, ele passava a metade do tempo tentando impedir que alguém se aproximasse de Marilyn, porque sabia que ela era como um magneto irresistível a todos — até mesmo a um reles terceiro assistente de direção, sete anos mais jovem do que ela. Àquela altura, eu já devia estar familiarizado com "estrelas". Afinal, Vivien Leigh e Margot Fonteyn eram ambas amigas de minha família. Mas aquelas duas damas, por mais maravilhosas que fossem, eram seres humanos. Marilyn era uma verdadeira deusa e deveria se tratada como tal.

"Eu estou numa situação extremamente difícil, Colin" Milton disse.

Era uma magnífica manhã de verão, mas como estávamos por mais de uma hora esperando pela chegada de Marilyn, ele estava começando a perder a paciência. "Por que Olivier não pode aceitar Marilyn como ela é? Vocês britânicos acham que todo mundo deveria bater ponto, até mesmo as estrelas. Olivier está decepcionado porque Marilyn não funciona como uma peça perfeita. Por que ele não pode se adaptar? Oh, ele é superficialmente muito educado, mas Marilyn consegue perceber. Ela consegue perceber que por trás das aparências, ele está prestes a explodir. Josh Logan [o diretor de *Nunca Fui Santa*] gritava com ela ocasionalmente, mas a aceitava como ela era, não como queria que fosse. Ela tem medo de Olivier, porque tem a impressão de que nunca corresponderá às expectativas dele."

"Vivien diz que Olivier, exatamente como acontece com todo mundo, caiu no fascínio de Marilyn quando a viu pela primeira vez", eu disse. "Ela diz que ele chegou mesmo a pensar que poderia ter um romance com ela. E Vivien sempre acerta."

"Oh, Marilyn consegue fascinar qualquer homem que quiser, mas quando enfurecida, a coisa muda totalmente de figura. Fique atento. A propósito, que diabos está acontecendo com ela nesta manhã?"

"Achei que você disse que ela não devia ter que bater ponto."

"Sim, mas quando é o dinheiro dela que está indo pelo ralo — e o meu também..."

"Eu não me importaria se ela nos deixasse esperando o dia todo. Trabalhar num estúdio de filmagem faz a gente transpirar de calor, é aborrecido, cansativo e causa claustrofobia. Eu entendo perfeitamente o que Marilyn sente."

"Sim, mas é o trabalho dela."

Naquele momento, o grande carro preto de Marilyn despontou no quarteirão do estúdio. Ele foi instantaneamente cercado por um grupo de pessoas que pareceu surgir do nada. O novo maquilador, a responsável pelo guarda-roupa, o cabeleireiro, o assistente de produção Tony Bushell, o diretor de produção, todos clamando por atenção antes mesmo de a pobre mulher ter tido a chance de conseguir entrar no prédio. Ela estava com Paula Strasberg, que segurava o roteiro do filme, e também com o ex-chefe de polícia da Scotland Yard, Roger Smith, que protetor como sempre, carregava suas bolsas. Não é de admirar que ela tenha escapulido para dentro do prédio, arredia como um animal perseguido, sem nem notar a presença de Milton, e muito menos a minha, é claro.

Assim que Marilyn desapareceu, com Milton em seus calcanhares, eu agarrei Roger. Eu sabia que tinha apenas alguns segundos para me explicar. Roger voltava para a Parkside House o mais rapidamente possível depois de deixar Marilyn, e David Orton, meu chefe no estúdio, logo estaria se perguntando pelo meu paradeiro.

"Irei até a casa hoje à noite para falar com Maria e José", eu disse de forma resoluta. Maria e José eram a cozinheira e o mordomo que eu havia contratado para cuidar de Marilyn na Parkside House. "Milton disse que tudo bem."

"É mesmo? Algum problema?" Roger se mostrou cético.

"Não vai tomar muito tempo, mas não podemos permitir que eles fiquem irritados. Seria extremamente difícil substituí-los. Depois, podemos tomar alguma coisa e, quem sabe, comer algo. Peça a Maria para fazer alguns sanduíches."

Roger é totalmente dedicado a Marilyn. Depois de trinta anos na polícia, esta é a sua melhor oportunidade. Para onde quer que ela vá, ele segue atrás, como um fiel Labrador. Não tenho certeza de sua utilidade numa situação crítica, mas como ele é evidentemente muito astuto, com um pouco de sorte, ele conseguiria evitar a ocorrência de qualquer encrenca. Eu gostaria que ele entendesse meu plano, exatamente como Milton entendeu; mas Roger não tem ninguém com quem conversar à noite e costuma ficar sozinho. Ele me faz lembrar os sargentos instrutores que eu conheci quando era piloto oficial da RAF [Royal Air Force] e, portanto, nos damos muito bem. Todas as outras pessoas que vivem ao redor de Marilyn falam em linguagem de cinema, coisa que Roger detesta. Ele e eu podemos travar uma boa conversa fiada em bom e claro inglês.

"Você não precisa, portanto, vir buscar Marilyn hoje à noite", eu prossegui. (Se ele o fizesse, não haveria espaço suficiente no carro.) "Eu vou seguir na frente com Evans e depois ele pode trazer-me de volta."

Evans é o chofer de Marilyn. Como Roger, ele foi contratado por mim e é um dos homens mais tolos que já conheci. Acho que ele nem sabe quem é Marilyn Monroe; mas ele faz o que mandam e é isso que importa.

"Não sei", Roger começou a expressar sua dúvida, mas naquele exato instante ouvi o chamado "Colin!" vindo de dentro do prédio e bati em retirada antes de ele prosseguir.

Eu conheço o casal Olivier desde que era pequeno e conheci através de meus pais todo tipo de pessoas. Mas Marilyn é diferente. Ela está envolta numa espécie de manto de glória que tanto protege como atrai. Sua aura é incrivelmente forte — forte o suficiente para ser diluída em milhares de telas de cinema de todo o mundo e ainda assim sobreviver. Em carne e osso, sua qualidade estelar vai quase além do que se consegue suportar. Quando estou com ela, meus olhos não querem deixá-la. Por mais que eu olhe para ela, eles simplesmente nunca se cansam e talvez isso ocorra porque eu não consiga realmente vê-la. É um sentimento que poderia facilmente ser confundido com amor. Não é de admirar que ela tenha tantos fãs e tenha que tomar tanto cuidado com quem encontra. Imagino que seja por isso que ela passa a maior parte do tempo encarcerada dentro de sua casa e que tenha tanta dificuldade para ir ao estúdio e conseguir chegar na hora marcada. Quando ela vai, passa em disparada como um foguete do carro para o seu camarim. Ela parece assustada e, talvez, tenha motivo para isso. Sei que não devo ser mais um a persegui-la, mas não consigo resistir a estar em sua órbita. E como sou pago por Olivier para tornar sua vida mais fácil e agradável, minha função é, no mínimo, me manter nos bastidores de sua vida, eu digo para mim mesmo.

Assim que entrei no prédio do estúdio, começaram os problemas habituais.

"Colin! Onde você andou metido?" David faz essa pergunta toda vez que me vê, mesmo que eu tenha me ausentado por apenas dez segundos. "Olivier quer falar com você imediatamente. São dez horas. Marilyn acabou de chegar. Teremos sorte se conseguirmos filmar uma cena antes do almoço", etc., etc.

Por que as pessoas não podem entender que, quer elas gostem ou não, essa é a maneira de Marilyn funcionar e que elas já deveriam estar acostumadas a isso? Olivier argumenta que se não reclamarmos, ela jamais dará as caras, mas eu não estou tão certo disso. Marilyn quer atuar. E também quer atuar com Olivier. Ela precisa fazer com que esse filme seja um sucesso para provar ao mundo que é uma atriz séria. Eu acho que ela conseguiria se não houvesse tanta pressão. Ela poderia até ser pontual, mas suponho que essa seja uma aposta que nenhuma companhia cinematográfica ousaria fazer. Olivier fala dela como se não passasse de uma figura atraente, mas completamente desmiolada. Parece que ele não sente nada mais que desprezo por ela. Ele está convencido de que ela não é capaz de atuar — simplesmente porque ela não consegue entrar e sair de uma personagem como se fosse uma vestimenta, da maneira que ele faz — e ele a despreza por usar Paula como sua mentora de artes dramáticas. Ele não consegue ver que a função de Paula é apenas insuflar-lhe confiança, não para dizer como Marilyn deve representar seu papel. É só olhar para o que já filmamos para ver que Marilyn está fazendo por si mesma um trabalho muito perspicaz. O problema é que ele fica tão frustrado com todas as hesitações e surpresas, as deixas não entendidas e as falas incorretas, que não consegue reconhecer os lampejos de inteligência quando eles surgem. Todas as noites, as projeções da filmagem do dia anterior o fazem lembrar o sofrimento que tivera de suportar em frente ou atrás da câmera, e ele parece sentir um prazer perverso nisso. Por que ele não pede ao editor para cortar todos os desastres e mostrar apenas as partes boas, por menores que sejam? Imagine o quanto isso seria empolgante. Todos nós entramos em fila na sala de projeções; as luzes são apagadas; há um clipe de trinta segundos de Marilyn com uma aparência deslumbrante e acertando todas as falas; as luzes voltam a se acender ante uma sucessão de aplausos; Marilyn vai para casa encorajada em vez de deprimida; o editor fica satisfeito; Olivier fica satisfeito.

Em seus sonhos, Colin! Por alguma razão psicológica desconhecida, justificada obviamente por alguma necessidade técnica, nós temos que ver cada tropeço e hesitação em imagens ampliadas ao máximo, repetidas muitas e muitas vezes, fracasso após fracasso, até começarmos todos a rosnar e reclamar e Marilyn, se chegou a aparecer, foge de volta para sua casa envergonhada. Eu gostaria apenas de ter uma conversa calma com ela para tranquilizá-la. Mas muitas pessoas já estão fazendo isso — e, evidentemente, sem sucesso.

Eu havia estado na casa de Marilyn apenas uma vez depois que ela se mudara para ali cinco semanas antes e não havia nenhum sentido achar que eu pudesse ter alguma possibilidade de falar com ela, ou mesmo de vê-la, se eu voltasse lá. Tudo que eu queria naquele momento era ter o prazer de viajar no banco da frente do carro com aquela criatura divina no banco de trás. Eu queria me sentir como se eu fosse seu guarda-costas no lugar de Roger. Eu queria sentir como se a segurança dela dependesse de mim. Felizmente, Evans não me nota de maneira alguma e tampouco Paula Strasberg. Ela passou o dia inteiro no estúdio "preparando" Marilyn, mas têm também uns sessenta técnicos lá com ela, sem mencionar vinte outros atores, além do próprio Olivier. No carro, Paula está totalmente concentrada em ter Marilyn só para si por alguns últimos minutos. Ela aperta seu braço com força e não para nunca de falar, chegando mesmo a deixar de respirar por todo o percurso. Ela fica repetindo muitas vezes, falando no ouvido de Marilyn para incutir-lhe segurança: "Marilyn, você foi maravilhosa. Você é uma grande atriz. Você é suprema, divina..." e assim por diante.

No final, seus elogios ao desempenho e talento de atriz de Marilyn são tão exagerados que até mesmo a própria Marilyn começa a ficar constrangida. É como se Paula soubesse que tem apenas esse breve momento para se implantar na mente de Marilyn pela próxima noite e com isso tornar-se indispensável no dia seguinte.

Olivier, sendo o diretor do filme, naturalmente se ressente muito com a presença de Paula. Paula não sabe nada das dificuldades técnicas envolvidas na produção de um filme e, muitas vezes, recorre à Marilyn para dar-lhe instruções enquanto Olivier, como diretor, está tentando explicar a ela o que ela precisa fazer. Nessas ocasiões, a paciência de Olivier é realmente incrível. Eu, no entanto, gosto de Paula e sinto pena dela. Essa mulher baixinha, envolta em diferentes tonalidades de marrom, com seus óculos escuros na cabeça e seu *script* nas mãos, está tentando se agarrar a um tornado humano como bote salva-vidas.

A única pessoa que parece completamente alheia a toda essa agitação é Arthur Miller e talvez seja por isso que eu tenha tanta antipatia por ele. Devo admitir que ele, na realidade, nunca foi rude comigo. Nas quatro ocasiões em que nossos caminhos se cruzaram — no aeroporto, quando ele e Marilyn aportaram pela primeira vez na Inglaterra, na chegada deles à casa que eu havia alugado para os dois, uma vez no estúdio e outra numa saída com o casal Olivier — ele me ignorou completamente. Como, aliás, era de se esperar. Não há ninguém em toda a equipe de filmagem em posição inferior a minha. A única função que tenho é facilitar a vida de Marilyn e, consequentemente, a dele.

Eu, no entanto, não me vejo propriamente como um criado. Minha tarefa é organizar, resolver problemas. Laurence Olivier tem confiança em mim. Milton Greene também. Mas Arthur Miller toma tudo como corriqueiro — sua casa, seus empregados, seu chofer, o guarda-costas de sua esposa e, pelo que me parece, até mesmo sua mulher. É isso que me dá tanta raiva. Como ele pode considerar Marilyn Monroe trivial? Ela olha para ele como se o idolatrasse; mas ela é também uma atriz famosa. Vivien Leigh olha muitas vezes para Olivier dessa maneira, mas parece que isso não lhe agrada muito. Miller simplesmente parece se achar tão importante. Eu estou certo de que ele é um grande escritor, mas nem por isso deveria se achar superior. Talvez seja pela combinação de seus óculos de aros de tartaruga, sua pinta de intelectual e seu cachimbo. Somado a tudo isso, há um brilho em seu olhar que parece dizer: "Eu estou dormindo com Marilyn Monroe e você não. Seu paspalho."

Tudo isso estava dando voltas em minha cabeça quando saltei para o banco da frente do carro naquela noite. Eu havia abastecido o camarim de Olivier com uísque e cigarros e dito a David que teria que ir à casa de Marilyn numa missão urgente, que implicava espiá-la para Olivier. Como David está sempre tentando descobrir os movimentos de Marilyn para poder planejar um pouco melhor o esquema de filmagem, essa lhe pareceu uma excelente ideia.

Percorrendo velozmente a paisagem rural inglesa no banco da frente do carro de Marilyn Monroe, eu me sentia espantosamente importante; mas assim que chegamos a Parkside House, Marilyn simplesmente desapareceu em seu interior e ponto final. Nem mesmo Paula conseguiu acompanhá-la. Ela devia saber que, a partir dali, Arthur tomaria conta dela e seguiu-a lentamente, parecendo extremamente desanimada, como se tivesse perdido sua filha.

Roger saiu de dentro da casa para vir ao meu encontro, grunhindo, dando risada e com as faces infladas como as de um Papai Noel sem barba, e juntos nos dirigimos para a entrada dos fundos. Então, exatamente como eu esperava, Evans foi embora de carro. Ele estava sentado ao volante desde às seis e meia da manhã e tenho certeza de que a última coisa que queria era ser mandado fazer outro serviço ou cumprir outra tarefa.

"Ele devia ter me esperado para levar-me de volta para o estúdio", eu rosnei. "Agora, estou preso aqui sem meio de locomoção. Terei que ir a pé até o povoado e lá tomar um ônibus!"

"Não se preocupe", Roger disse pacientemente. "Assim que eles tiverem se acomodado para passar a noite" — girando a cabeça para as janelas do quarto no andar de cima — "eu levo você de carona. Entre e tenha a sua conversa com José e Maria, depois podemos tomar um trago e fumar no meu quarto até a poeira baixar." Aquela era uma charada que ambos entendíamos. Teríamos a chance de fofocar e dar risada do comportamento maluco de todos do mundo do cinema.

Às vezes, é possível fazer isso com Laurence Olivier, mas tenho que tomar cuidado com até onde posso ir. Com Roger, eu posso dizer absolutamente qualquer coisa e ele apenas sorri e dá uma tragada em seu cachimbo — apesar de jamais dizer qualquer coisa contra a própria Marilyn e diante de qualquer menção a Arthur, ele simplesmente gira as órbitas dos olhos.

Falar com José e Maria era simplesmente ouvir seus problemas durante meia hora. Ambos falavam muito pouco inglês e naturalmente ninguém fala português, apesar de eu lembrar um pouco do que aprendi quando estivera em Portugal no ano anterior. Eu simplesmente digo *Pois sim* ("Sim, com certeza...") sempre que fazem uma pausa, o que costuma funcionar. Naquela ocasião, no entanto, os problemas pareciam mais graves do que de costume e eu fui obrigado a recorrer ao meu latim dos tempos de escola para tentar adivinhar que cargas d'água estava acontecendo.

"*Miz* [Miss] Miller", eles disseram — eles haviam sido apresentados ao Sr. e Sra. Miller quando Arthur e Marilyn haviam chegado e, como jamais haviam estado num cinema, demonstraram não fazer a mínima ideia de quem eles eram — "*Miz* Miller está dormindo no chão." Pareceu que eles estavam dizendo "Será por que erramos na arrumação da cama? Achamos que a culpa é nossa. Se é verdade, devemos ir embora."

Aquele me pareceu ser um raciocínio totalmente egoísta, mesmo para os critérios de empregados domésticos. Eu prometi a eles que investigaria o caso, mas que estava quase certo de que a culpa não era deles.

"Esta casa é muito 'louca'", eles disseram. "Maluca." Havia gritaria no meio da noite e silêncio no meio do dia. O Sr. e a Sra. Miller não falavam com eles. A Sra. Miller agia como se estivesse em sonhos.

Percebi que a situação exigia firmeza de minha parte. "Isso não é problema de vocês", eu disse de maneira ríspida. "A Sra. Miller tem um trabalho difícil. Ela precisa conservar sua energia com muito cuidado. E como não fala português, ela não poderia falar com vocês mesmo que quisesse. Vocês não devem tomar conhecimento do que ela e o Sr. Miller fazem. A empresa paga a vocês bons salários para servir ao Sr. e a Sra. Miller. Nós achamos que vocês são os melhores — do contrário, não íamos querer que ficassem."

Essa tática funcionou. Ambos assentiram nervosamente e deixaram a sala o mais rápido possível. Eu saí à procura de Roger.

"O que é isto, meu camarada Roger?" eu perguntei quando o encontrei. "Maria me disse que Marilyn tem dormido no chão nesses últimos dias."

Roger colocou seu caloso dedo indicador ao lado do nariz e deu sua risada habitual. Eu nunca sei o que ele quer dizer com isso. Às vezes, ele diz na sequência: "Um sinal de aquiescência vale tanto quanto uma piscadela para um cego", que me deixa igualmente confuso, se não mais.

"Há algum problema entre o Sr. e a Sra. Miller?" eu perguntei. "Eles estão casados há apenas algumas semanas."

"Não ouvi nenhum deles reclamar", Roger disse olhando de soslaio. "Mas eu tenho ouvido suas brincadeiras de trenzinho a qualquer hora da noite. Não tenho nenhuma dúvida disso."

"Brincadeiras de trenzinho" seria um eufemismo de Roger para se referir a fazer amor de todas as diferentes maneiras.

"Não me parece uma maneira muito divertida de brincar de trenzinho — dormir no chão."

"Quem mencionou qualquer coisa com respeito a dormir?" Roger perguntou.

"Bem, Maria..." eu disse.

"Maria deve ter entendido errado. Simplesmente por que há roupas de cama espalhadas pelo chão... O que Maria sabe? Marilyn está em sua lua de mel. Ela pode fazer o que quiser. Não é da nossa conta. E agora eu vou ver se não há nenhum repórter escondido entre as moitas do jardim. Você fica aqui esperando até eu voltar, depois subimos para tomar um trago. Mas não se meta a dar uma de investigador." Ele havia percebido corretamente as minhas intenções. "Arthur e Marilyn ainda podem estar aqui, no andar de baixo, e Paula e Hedda" — Hedda Hosten, ex-secretária de Nova York de Arthur Miller, que estava desempenhando a função de "dama de companhia" de Marilyn — "estão por aí em busca de novidades picantes. Quem ia querer tê-las consigo em sua lua de mel, eu não sei. Pobre Marilyn. Ela não tem nenhum instante de paz. Não é de admirar que ela fique tanto tempo no quarto."

Com outro sorriso malicioso, ele saiu.

"Sim, mas é a terceira lua de mel dela", eu disse para a figura de costas se retirando. "A essa altura, ela já deveria saber o que esperar."

Quando voltou de sua ronda, Roger demonstrou claramente que não estava a fim de continuar falando sobre o casal Miller. Ele acha que isso é desrespeito, até mesmo deslealdade. Tenho certeza de que quando fez parte da polícia, a lealdade para com seus colegas era a coisa mais importante de sua vida. Agora, toda essa lealdade é dirigida para Marilyn. Ele caiu em seu fascínio, exatamente como todo mundo; mas como pai, não amante. Não se deve esquecer que em algum lugar há uma Sra. Roger, ocupada com seu tricô. Eu espero que ela seja tão discreta quanto Roger. Quando eu o contratei, ele me disse que era casado há mais de trinta anos e que tinha um filho da minha idade. "Ele está prestando serviço militar", ele acrescentou com orgulho.

Subimos para o quarto de Roger, onde ele pegou uma garrafa de uísque e dois copos. "À saúde da [empresa] Marilyn Monroe Productions" ele disse. A Marilyn Monroe Productions pagava o salário dele, não o meu.

"No meu caso, à Laurence Olivier Productions" eu respondi, sentando e acendendo um cigarro.

"Roger" eu disse, "você sabe que minha função é descobrir qualquer coisa que possa influenciar o progresso do filme e passá-la para Olivier. Diga-me, portanto, o que está acontecendo?"

"Vai tomar naquele lugar, Colin!", Roger disse de forma amistosa. "Minha única função é proteger Marilyn, como você mesmo disse quando me contratou, e é o que eu estou fazendo. Porque ontem mesmo, eu peguei um daqueles malditos repórteres subindo por um cano de esgoto do lado de fora do banheiro de Marilyn. Ele havia conseguido pular a cerca, atravessar o gramado e subir pelo primeiro encanamento que encontrou. Mais alguns minutos, ele teria entrado no banheiro de Marilyn e teria tido uma surpresa!" Ele deu outra risada e, em seguida, entrou em seu assunto preferido: a imprensa. O que ele não podia suportar era o fato de serem tão insolentes. Ele havia passado a vida caçando criminosos — pessoas que transgrediam a lei. Agora é desafiado por um bando de homens que não tem nenhum respeito pela decência e estão preparados para não medir esforços para conseguir o que querem, mas que se comportam mais como colegiais travessos do que como membros de uma espécie criminosa.

"O que posso fazer, Colin? Não posso prendê-los. Não tenho permissão para bater neles. Tudo que posso fazer é colocá-los para correr e esperar que não voltem a tentar." O que Roger realmente quer é que alguém faça uma tentativa de assassinar sua adorada Marilyn para então poder salvá-la com um gesto heroico. Enquanto isso, o fotógrafo do *News of the World* é o inimigo com o qual Roger tem de lidar.

Quando terminamos de tomar nossos uísques, Roger desceu as escadas e voltou com um prato de sanduíches feitos por Maria e algumas garrafas de cerveja. Por volta das 22h30, estávamos completamente relaxados, mas lá fora estava escurecendo e eu teria ainda que resolver o problema com respeito a onde eu passaria a noite. Roger estava disposto a me levar para casa, mas eu não estava muito certo de que ele estava em condições de dirigir. Seus olhos estavam de fato lacrimejando e seu nariz estava alarmantemente vermelho.

"Tem um quarto de hóspedes no final do corredor", eu disse com esperança.

"Não acho que a cama esteja feita" Roger disse. "Maria teria um chilique se descobrisse que você dormiu ali. E o que Marilyn pensaria quando você entrasse no carro comigo amanhã de manhã?"

"Acho que ela nem notaria. Mas você tem razão, é melhor eu chamar um táxi." Abri a porta do quarto de Roger e dei uma espiada pelos arredores. A casa toda estava num silêncio sepulcral.

"Paula e Hedda vão para a cama às 22h" Roger disse, "e José e Maria já devem a essa altura estar nas dependências dos empregados. Portanto, você está em perfeita segurança. Você sabe como encontrar a saída?"

"É claro que sei", respondi todo jactancioso. "Já estive muitas vezes nesta casa. Não esqueça que seus donos são grandes amigos de meus pais." (Na verdade, eu havia estado ali apenas duas vezes e apenas uma no andar de cima.) "Posso usar o telefone da cozinha. Vi o número do telefone da empresa de táxi na parede. Você pode ir para a cama que dou conta do recado." Eu deslizei porta afora e fechei-a com firmeza atrás de mim.

É nesses momentos um tanto quanto tensos que muitas vezes a Mãe Natureza resolve se impor. À pergunta se devia virar para a esquerda ou para a direita logo foi suplantada pela premência absoluta de que eu tinha mais ou menos trinta segundos para encontrar um banheiro. Na realidade, não é muito difícil encontrar um toalete em casas estranhas. No alto das escadas, em pequenos becos sem saída, eles revelam sua presença com seus ruídos suaves, porém persistentes. Não demorei muito, em minha situação desesperada, a encontrar uma porta aberta com um interruptor de luz convenientemente disposto na parede logo na entrada. Mas quando eu saí, alguns instantes depois, grandemente aliviado, surgiu um novo problema. A luz do toalete era extremamente — absurdamente, eu pensei — forte. O resto da casa estava totalmente às escuras e eu estava perdido. Eu só podia ver uma pequena faixa de claridade por baixo de uma das portas. Podia ser o quarto de Roger, mas também podia não ser. Se eu entrasse no quarto de Paula ou de Hedda, elas poderiam pensar o pior. Elas podiam até me acolher e, nesse caso, eu estaria realmente em apuros. Com o coração batendo violentamente, fui andando lentamente pelo corredor, arrastando com cuidado os pés pelo carpete para o caso de encontrar um degrau. Finalmente me deparei com um canto e parei para espiar em volta. Mas continuei sem enxergar nada. "Preciso esperar até que meus olhos se acostumem com a escuridão", eu decidi. "Vou ficar aqui parado por um minuto completo com os olhos bem fechados."

Deveria haver uma saída tranquila, mas passados alguns segundos, eu tomei consciência de uma coisa muito estranha. Eu não estava sozinho. Eu estava ouvindo alguém respirar e os ruídos não pareciam vir de mim. Soavam mais como uma sucessão de breves suspiros. O que estava acontecendo? Teria eu entrado no quarto de alguém? Prendi a respiração, mas os suspiros continuaram.

De repente, uma porta na extremidade do corredor foi aberta abruptamente e um raio de luz intensa inundou o cenário. Ali, apenas alguns passos a minha frente, estava Marilyn, sentada no tapete com as costas contra a parede. Se eu tivesse avançado mais alguns passos, teria caído diretamente por cima dela. Ela estava simplesmente ali sentada, envolta numa colcha cor-de-rosa, com a cabeça voltada para mim, olhando diretamente nos meus olhos. Ela não deu o menor sinal de que estava me vendo. Seria por que a sombra a meu redor era muito profunda? Estaria ela em estado de sonambulismo? Ou estaria drogada? Havia muitos boatos circulando pelo estúdio sobre a quantidade de pílulas para dormir que ela tomava.

Ela pareceu estranhamente frágil pela primeira vez e meu coração se precipitou para ela. Aquela mulher estonteantemente bela e vulnerável estava literalmente aos meus pés. O que eu poderia fazer? Não movi nenhum músculo.

"Marilyn." A voz de Arthur Miller pareceu vir de outro mundo e me fez dar um salto para trás como se tivesse levado um tiro. Devo ter provocado algum barulho, mas ao menos eu estava agora num canto em segurança e fora do campo de visão.

"Marilyn. Venha para a cama." O tom dele era insistente, mas estranhamente trivial como se aquilo estivesse acontecendo no meio do dia.

Houve uma pausa. Marilyn não respondeu. A respiração dela era uniforme, sem qualquer variação. Inspirações lentas e prolongadas e, em seguida, breves suspiros.

A voz de Arthur veio de mais perto. "Vamos, levante-se. Hora de ir para a cama." Ao cair no chão, a colcha que envolvia Marilyn fez um som de leve farfalhar. Não dava para ouvir os passos deles sobre o espesso tapete, mas logo uma porta foi fechada e o feixe de luz desapareceu.

Foi só então que eu percebi que estava tremendo. Percebi que estava em estado de choque. Minha camisa estava totalmente molhada de suor, como se eu tivesse estado embaixo de um chuveiro.

Pareceu transcorrer uma eternidade até eu encontrar as escadas e, quando cheguei à cozinha, estava prestes a desmaiar. Minhas emoções estavam totalmente tumultuadas. Nunca havia passado por situação semelhante em toda a minha vida. Não conseguia afastar o olhar de Marilyn da minha cabeça. Marilyn Monroe, olhando diretamente para mim com um tipo assombroso de apelo mudo. Eu podia apenas sonhar em salvá-la de alguma maneira — mas com o que e do que, eu não fazia a mínima ideia. Entrei cambaleando na sala de jantar e encontrei uma garrafa de conhaque sobre o aparador. Ela estava cheia e eu tomei um longo gole, talvez maior do que devia. Imediatamente, tive um acesso de tosse que ameaçou despertar toda a casa. A única saída me pareceu ser tomar outro gole. Então, pela terceira vez naquela noite, uma luz indesejável se fez presente.

"É melhor você ir para casa imediatamente, rapazinho", Roger disse num tom duro, enquanto sua figura envolta num roupão avançava na direção do telefone. "Você não vai estar em sua melhor forma para trabalhar amanhã. Não importa", ele acrescentou. "De qualquer maneira, não espero que Marilyn vá trabalhar. Acho que a ouvi acordada apenas um minuto atrás. Vamos apenas torcer para que o Sr. Miller não venha me perguntar quem andou tossindo no meio da noite." Ele disse ao telefone: "Alô, táxi? Você pode vir pegar alguém na Parkside House, Englefield Green? Cinco minutos? Muito bem. Estaremos esperando lá fora. De maneira alguma toque a campainha." E, voltando-se para mim: "Vamos lá, rapazinho. Você tem apenas vinte e três anos. Logo ficará bem. Logo, logo estará na cama. Tome cuidado para não adormecer no carro."

E prosseguiu repetindo a mesma ladainha até me empurrar para o banco de trás do carro, tirar uma libra de minha carteira para entregar ao motorista e dizer onde ele deveria me deixar.

Quando finalmente eu caí na cama, estava exausto, mas não consegui dormir. Aquela imagem de Marilyn simplesmente não saía de minha cabeça. Ela parecia estar se dirigindo diretamente para mim, como uma figura de sonho, como se seu espírito estivesse chamando pelo meu.

❖ ❖ ❖

Quarta-Feira, 12 de Setembro

EU ESPERAVA TER UMA RESSACA TERRÍVEL na manhã seguinte, mas quando o despertador soou, eu ainda estava estranhamente excitado. Precisei de alguns minutos para voltar à realidade. Eram 6h da manhã e eu deveria estar no estúdio Pinewood, que ficava a 16 km de distância, às 6h45.

Se meu carro estivesse estacionado do lado de fora não haveria nenhum problema. Àquela hora da manhã, quinze minutos bastavam para ir até lá. Mas eu estava sem o carro e, embora Marilyn nunca chegasse ao estúdio na hora marcada, Olivier sempre chegava pontualmente às 7h. Tony e Anne Bushell, com quem eu estava morando na Runnymede House, que eles haviam alugado pelo tempo de duração da filmagem, só se levantariam dali a uma hora. Eles eram pessoas boas e generosas, mas não iriam gostar de serem despertadas às 6h30 da manhã para me darem uma carona. Tony é o assistente de produção do filme e costuma não chegar ao *set* antes das 9h.

Apenas os atores precisam chegar tão cedo para serem maquilados e devidamente vestidos antes de a filmagem começar.

Eu me vesti rapidamente e saí para o ar da manhã em busca de inspiração. Os acontecimentos da noite anterior pareciam naquele momento um sonho maluco. Era quase como se absolutamente não tivessem acontecido. Com certeza, eu não poderia usá-los como desculpa pelo meu atraso. Mas então, para minha alegria, notei que havia dois carros do lado de fora da casa — o Jaguar de Tony e um MG mais antigo. Esse deve ser de Ned, o filho de Anne, eu pensei. Às vezes, ele vinha passar a noite ali na casa. Situações desesperadas exigem medidas desesperadas. Voltei para dentro da casa e me dirigi para o quarto de hóspedes. E nele, encontrei Ned, dormindo profundamente.

"Ned", eu sussurrei em seu ouvido. "Preciso que você me empreste seu carro por algumas horas. Tudo bem?"

Ned rosnou. Ele tem a mesma idade que eu e deve ter tido uma noite extremamente fatigante.

Peguei suas calças que estavam no chão e tirei as chaves de seu bolso. Não havia tempo para explicações. Encontrei uma folha de papel sobre a escrivaninha e rascunhei "Desculpa ter pegado o carro — volto logo. Colin", e fui embora.

"Este carro não está registrado em seu nome", disse o guarda quando cheguei ao portão principal dos estúdios. "Nenhum carro não registrado tem permissão para entrar. Com a presença da Sra. Monroe, toda cautela é pouca. Esses repórteres recorrem a todo tipo de truques."

"Eu não sou nenhum repórter, seu tolo. Sou assistente de direção do filme."

"Lamento, senhor, mas estou apenas cumprindo o meu dever."

Amaldiçoando, eu tive que deixar o carro na margem do gramado e descer correndo o caminho até o estúdio. Como o

MG [de Ned] não tinha a mesma velocidade de meu Lancia, eu estava atrasado.

"O que aconteceu com você, rapaz?" Olivier perguntou quando eu entrei arquejando em seu camarim.

"Meu carro quebrou. Terei que levá-lo para ser consertado na hora do almoço." Não me atrevi a contar o que realmente havia acontecido. "Acho que Marilyn não vai chegar cedo", eu disse. "Roger me contou que ela teve uma noite muito perturbada."

"Nós teremos um *dia* muito perturbado se ela não aparecer. Nós filmamos todas as cenas fáceis ontem porque ela estava perturbada. Quando é que ela vai recuperar sua compostura e começar a trabalhar?"

"Ela está em lua de mel, eu suponho. Talvez isso a esteja afetando."

"Oh, bobagem, ela não é nenhuma criança. E Arthur também está ficando de saco cheio. Ele me disse que já está precisando de umas férias." Olivier fez uma careta. "O problema é que ela tem um humor terrivelmente instável e passa a maior parte da noite em claro. Tenho pena de Arthur. Eu não dormiria com Marilyn nem por um milhão de dólares, posso lhe assegurar."

Nem ela com você, eu pensei, mas não disse nada.

Um pouco antes do almoço, para surpresa de todos, e grande alívio para mim, Marilyn afinal deu as caras. O bando costumeiro de pessoas surgiu do nada para importunar a pobre dama, mas eu só tinha olhos para Evans, o chofer. Eu não tinha tempo para pensar na possibilidade de Marilyn ter me visto na noite anterior, pois precisava urgentemente devolver o MG para Ned. Mesmo assim, eu estava ansioso por evitar o olhar direto de Marilyn. Ela sempre está com óculos extremamente escuros quando entra no estúdio e ninguém sabe dizer ao certo o quanto ela consegue enxergar. Na hora em que está pronta para começar a trabalhar, eu imaginei, ela não pensa em nada que não sejam suas falas.

"Por onde você andou?" David Orton perguntou desconfiado quando eu voltei sorrateiramente ao *set* uma hora mais tarde. Evans havia me conduzido de volta da Runnymede House.

"Desarranjo intestinal", eu disse.

Ele me fulminou com os olhos, mas eu estava salvo.

A filmagem naquela manhã seguiu o padrão que havia se tornado familiar. Todos nós aguardamos, sob a iluminação artificial em volta do *set*, o aparecimento de Marilyn. A cada quinze minutos, Olivier manda David ao camarim de Marilyn perguntar quando ela vai ficar pronta. David é um profissional à antiga. Ele acredita em hierarquia.

"Colin!" ele berra.

"Sim, David?"

"Vá até o camarim de Miss Monroe e pergunte quando ela vai ficar pronta."

Ele está obviamente se referindo ao seu camarim portátil, instalado no piso do estúdio. De fora, a coisa parece uma casa sobre rodas num canteiro de obra. Dentro, todas as luzes são suaves e os tecidos beges, como na Parkside House.

Eu bato à porta fina de metal. O maquilador ou a mulher responsável pelo guarda-roupa vem atender. "Ainda não", ele ou ela responde. É como se todos estivéssemos esperando-a parir — e, de certa maneira, é o que o fazemos.

Finalmente, e sem qualquer aviso, as portas se abrem e Marilyn surge, parecendo absolutamente deslumbrante no incrível costume branco criado por [Beatrice] "Bumble" Dawson para ela usar em seu papel da corista Elsie Marina. Ela está de cabeça erguida, traz um sorrisinho nos lábios e seus enormes olhos estão bem abertos e voltados para o *set*. Marilyn está pronta. Marilyn vai agora desempenhar o seu papel ou morrer na tentativa.

Um berro de David. (David tem, por necessidade, uma voz muito alta, pois são mais de cinquenta as pessoas impacientes ali presentes.)

"Preparado, estúdio!"

As lâmpadas de filmagem são acesas, uma após outra, com uma série de "golpes" incríveis.

Marilyn parece assustada. Paula, sempre a uma polegada de seu cotovelo, sussurra algo em seu ouvido. Marilyn hesita por uma fração de segundo... e se atrapalha.

Em vez de ir diretamente para o lugar demarcado na frente da câmera, ela segue em direção a sua cadeira *recliner*, nas proximidades. Paula, o maquilador, o cabeleireiro e a responsável pelo guarda-roupa, todos se aproximam e voltam a cercá-la. Agora, ela terá de retomar tudo desde o começo, só que dessa vez as lâmpadas do estúdio estão acesas e nós estamos prontos para começar a trabalhar. Se Marilyn ficar totalmente apavorada, um rubor escarlate, que ela não tem como controlar, se espalha por seu pescoço e faces e ela é obrigada a voltar a seu camarim para descansar. Isso quer dizer que ela terá de tirar o vestido e a peruca e que teremos de esperar mais duas horas para recomeçar todo o processo. É um verdadeiro milagre quando algo chega a ser feito.

Naquela tarde, era evidente que Marilyn estava ainda mais angustiada do que normalmente. Às 16h, ela já havia deixado o *set* pela segunda vez e Olivier decidiu encerrar os trabalhos do dia. Quando eu entrei em seu camarim para por em ordem os manuscritos — como também o uísque e os cigarros — ele estava numa discussão impetuosa com Milton Greene sobre qual poderia ter sido a causa do transtorno de Marilyn.

"Você está sabendo de alguma coisa, Colin?" Olivier me perguntou. "Foi você quem contratou seu guarda-costas. Será que não pode descobrir o que está acontecendo?"

"Sei que ela e Arthur tiveram uma discussão na noite passada."

"Isso todos nós já sabemos", disse Milton. "Ela ligou para mim a uma hora da madrugada para pedir pílulas. Sei que prometi a Arthur não envolvê-lo nos problemas de filmagem, mas vou telefonar para ele agora e ver se me diz o que está acontecendo."

"É melhor você esperar lá fora, Colin", Olivier disse. "Mas não vá embora."

Quando eles me chamaram de volta, cinco minutos depois, ambos estavam pálidos.

"Parece que Arthur Miller decidiu viajar para Paris amanhã", Olivier disse formalmente. "Evidentemente, ele tem que encontrar lá um agente literário. Milton diz que essa é a pior coisa que pode acontecer com Marilyn. Ela tem pavor de ser abandonada, mesmo que seja apenas por um dia. Ambos os seus maridos anteriores a abandonaram e ela tem pavor disso. Ela está me deixando absolutamente louco, mas suponho que esteja complicando a vida de Arthur também, portanto, não posso dizer que ele é o culpado."

"Marilyn continua no estúdio" eu disse. "Talvez ela esteja perturbada demais para ir para casa."

"Oh, Deus!" Milton exclamou. "A essa hora ainda no estúdio? É melhor eu ir ver se ela está precisando de alguma coisa."

Ele disparou para fora da sala, mas voltou em menos de trinta segundos, parecendo extremamente incomodado.

"Paula não me deixou entrar. Ela disse que Marilyn não está para ninguém e bateu a porta na minha cara."

"Colin", Olivier disse com uma voz metálica, "vá até a Sra. Strasberg e pergunte a ela de maneira muito educada se Miss Monroe pretende vir ao estúdio amanhã trabalhar. Não fale como meu assistente. Diga que David precisa saber."

Aquela era uma missão de alto risco. Fazer uma pergunta direta. Normalmente Marilyn e Paula já estão no carro de volta para a Parkside House antes de todo o resto de nós ter deixado o *set*. E obviamente que elas nunca atendem ao telefone quando estão em casa. Agora, pela primeira vez, elas continuavam em nosso domínio, praticamente à mercê de nós.

Atravessei marchando os cem metros que separavam as suítes das duas grandes estrelas e bati à porta.

Nenhuma resposta. Covardia significa demissão. Bata novamente!

Uma fresta foi aberta na porta e surgiu o olho de Paula. Ficou olhando para mim por uns cinco segundos em total incredulidade. Por menos que eu estivesse vendo, percebi que ela estava tomada por fortes emoções.

"Entre", ela resmungou, colocando-se de lado. Eu passei raspando por ela, que bateu a porta com força atrás de mim.

Ela estava sozinha no lindo quartinho que servia de vestíbulo ao santuário sagrado onde Marilyn trocava de roupa.

"Entre." Ela fechou os olhos e apontou para a porta. "Entre."

"Entre?" Eu não sabia para onde ela estava me mandando entrar. "Entrar em que lugar?" Eu me senti como Alice através do espelho. Nunca antes eu tivera permissão para entrar ali na sala de recepção, pelo menos não na presença de Marilyn. Aquilo era demais.

"Entre." Paula apontou de novo para a porta. "Entre!"

O quarto interno parecia estar totalmente no escuro. Avancei dois passos para dentro e parei.

"Colin." A voz de Marilyn era apenas um sussurro, mas cada palavra soou muito claramente.

"Sim?"

"Feche a porta."

Eu fechei a porta atrás de mim e prendi a respiração.

Houve uma pausa prolongada. Eu não estava conseguindo enxergar nada. E me sentia como se tivesse escorregado da beira do mundo e estivesse despencando através do espaço. Tudo que eu podia ouvir era uma sucessão de breves suspiros. Os mesmos suspiros que eu tinha ouvido na noite anterior.

"Colin?"

"Sim?" Percebi que eu também estava sussurrando, sem saber exatamente por quê.

"O que você estava fazendo em minha casa ontem à noite? Eles mandaram você me espionar?"

"Oh, não, Marilyn..." O que eu estava pensando? Ela era a maior estrela de cinema do mundo. "Oh, não, Miss Monroe. Eu estive lá para falar com os empregados. Como você sabe, fui eu quem os contratou, e como eles sempre têm alguma reclamação a fazer, eu achei que indo lá, falar diretamente com eles, os acalmaria. Depois, fiquei para comer um sanduíche com Roger e, na saída do quarto dele, como a senhora percebeu, me perdi. Sinto muito", apressei a concluir minha explicação.

Pausa. Quando meus olhos se acostumaram com a falta de luz, pude apenas perceber a figura de Marilyn num traje de banho branco, deitada num sofá diante da parede. Sem a peruca loira de Elsie Marina, ela parecia extremamente frágil.

"Colin?"

"Sim, Miss Monroe?"

"O que você faz no filme?"

"Sou o terceiro assistente de direção. Aquilo que chamam de 'faz tudo'. Minha função é fazer isto e aquilo, tudo que me mandam. Todo mundo manda em mim. Na verdade, não tenho nenhuma função específica."

"Mas você trabalha também para Sir Laurence, não trabalha? Eu sempre vejo você perto dele. Ele parece falar mais com você do que a maioria dos outros. Você também o acalma, assim como faz com os criados?" Marilyn perguntou rindo.

"Oh, por Deus que não. Acontece que ele é amigo de meus pais e por isso eu o conheço desde sempre — desde que era pequeno. Acho que sou o único que não tem medo dele, isso é tudo."

Outra pausa prolongada, enquanto eu me esforço para respirar.

O silêncio era tal no quarto que eu pensei que Marilyn tivesse caído no sono. Um contraste tão incrível com o turbilhão que normalmente havia ao seu redor que eu fiquei me perguntando com que frequência ela conseguia ficar tão sozinha.

"Colin?"

"Sim?"

"Você é espião? Espião de Sir Laurence? Diga-me a verdade."

"Não sou nenhum espião, Marilyn", eu respondi, reunindo toda minha coragem. "Mas é minha função comunicar a Sir Laurence tudo que possa ajudá-lo a terminar este filme o mais rápido possível. Tenho certeza de que essa é também a sua vontade. Quanto mais rápido o filme terminar, mais rápido a senhora pode voltar para sua casa nos Estados Unidos. Tenho certeza de que tanto você como o Sr. Miller estão ansiosos por isso. E agora estou aqui a mando de Sir Laurence para perguntar se você irá ao estúdio amanhã", tratei de inventar essa desculpa para o caso de ela estar pensando que eu estava me intrometendo em sua vida.

"O Sr. Miller irá a Paris amanhã para encontrar seu agente", Marilyn disse friamente. "Talvez, ele vá passar alguns dias em Nova York. Acho que vou ficar em casa para vê-lo partir."

"Sim, é claro, Miss Monroe. Eu entendo perfeitamente. E tenho certeza de que Sir Laurence também entenderá. É claro, é claro, é claro." Que alívio receber, pelo menos por uma vez, diretamente a informação. E talvez sem a presença de Arthur Miller, ela se concentre mais em sua atuação no filme. E em mim! Eu sabia que estava sendo um perfeito idiota, mas como naquele exato momento sua atenção estava totalmente voltada para mim, minha excitação só fazia aumentar.

"Quantos anos você tem, Colin?"

"Vinte e cinco." Era apenas uma mentirinha, mas imediatamente me senti péssimo. "Quase."

Houve mais uma pausa prolongada. Parecia que eu estava ali havia muitas horas. Comecei a me indagar se Olivier e Milton Greene ainda estariam no estúdio quando eu saísse dali. Desejei que eles não pensassem que eu havia me esquecido deles e ido para casa. Eles com certeza estariam muito impacientes. Tudo que tinha a ver com Marilyn parecia levar um tempo extremamente longo, apesar de ela sempre estar com pressa.

"Colin." Marilyn disse em voz tão baixa que eu tive que dar um passo à frente para poder ouvi-la.

"Colin, de que lado você está?"

"É claro que do seu, Miss Monroe. Eu juro que estou do seu lado e sempre vou estar."

Marilyn soltou um suspiro. "Você virá trabalhar amanhã?"

"Bem, sim. Eu venho trabalhar todos os dias." Não entendi o motivo da pergunta, mas fui salvo por uma forte batida à porta.

"Marilyn" Paula disse num tom meloso, "é realmente hora de irmos para casa."

Ela abriu totalmente a porta e me pegou parado sobre uma só perna no meio do aposento.

"Colin precisa agora terminar seu trabalho" ela disse. "Não é mesmo, Colin? Muito obrigada por ter dado uma passada aqui."

Ela parecia uma galinha ocupada com seus pintinhos. Não que eu pudesse ser tomado por um lobo mau, mas tampouco exatamente por um frangote. Marilyn soltou outro suspiro. Minha entrevista havia terminado.

Assim que cheguei ao frio corredor de pedra do estúdio, eu percebi que estava ofegante. Meu primeiro instinto foi o de correr até o camarim de Olivier para lhe contar tudo. Estava incrivelmente satisfeito comigo mesmo. Eu tinha perguntado a Marilyn e obtido resposta exatamente para o que Olivier queria saber. Melhor ainda, eu sentia que havia estabelecido um vínculo com Marilyn que poderia vir a ser útil no futuro.

Mas, espera aí! As coisas não eram mais assim tão simples. De que lado eu estava? Olivier era meu chefe. Além de ser, em certo sentido, um velho amigo. O tio Larry. "Garoto" era como ele me chamava na maioria das vezes. E Vivien era a minha heroína de todos os tempos. Ela era de longe a mulher mais linda que eu já havia visto.

Mas com Marilyn era diferente. Ela era ainda mais bonita do que Vivien, mais jovem, é claro, e mais vulnerável.

E ela havia me perguntado diretamente.

"Colin, de que lado você está?"

"Do seu", eu havia respondido. E jamais poderia voltar atrás quanto a isso. Desci marchando o corredor e bati à porta de Olivier.

"Entre."

"A Sra. Monroe disse que não virá ao estúdio amanhã. O Sr. Miller vai viajar a Paris e ela quer passar o dia com ele."

"Foi ela mesma quem disse isso a você?" Milton mostrou-se incrédulo.

"Sim."

"Foi só isso que ela disse?"

"Foi."

Os dois homens olharam para mim com curiosidade. Pela primeira vez na vida, eles estavam prestando atenção no que eu dizia. Devo isso a Marilyn, eu pensei, me virando para sair. Agora sei de que lado eu estou.

❖ ❖ ❖

Marilyn Monroe no *set* recebendo instruções de Laurence Olivier, que além de coestrela também era o diretor do filme O *Príncipe Encantado*.
(© Bettmann/CORBIS/Corbis (DC)/Latinstock)

Quinta-feira, 13 de Setembro

TODO MUNDO QUE TRABALHA NO CINEMA se orgulha de ser cínico. Quanto mais famosas forem as estrelas com quem trabalha, mais a equipe aparenta um ar premeditado de indiferença sempre que elas aparecem. O pessoal que trabalha no filme *O Príncipe Encantado* é ainda mais profissional do que a maioria. Eles foram escolhidos a dedo por Olivier e seu diretor de produção Teddy Joseph para que não cobiçassem Miss Monroe e nem tentassem chamar a sua atenção. Ao mesmo tempo, eles têm opiniões bem formadas sobre os atores e atrizes com quem trabalham e há uma rígida ordem hierárquica que todas as equipes observam.

Os atores de menor importância e até mesmo os importantes exercendo papéis auxiliares, são totalmente ignorados.

Estrelas britânicas em filmes britânicos, como Anthony Steel ou Maureen Swanson, que estão no momento trabalhando em outros filmes dos estúdios Pinewood, são tratados do mesmo jeito — exatamente como se fossem também técnicos, meramente cumprindo outra função.

Grandes atores do teatro britânico, como Dame Sybil Thorndike, que está representando a rainha Dowager, a mãe do personagem Regente de Cárpatos desempenhado por Olivier, são tratados com exagerada cortesia, como se fossem importantes visitantes e não meros participantes do *set*. O casal Olivier, Laurence e Vivien, é um caso especial, tratado como realeza e com comentários apenas sussurrados. Olivier é sempre tratado como "Sir", embora não diretamente em sua cara. A senhora Olivier é tratada por "Vivien", mesmo diante de sua cara — mas, oh, com que respeito e reverência.

Grandes estrelas de Hollywood são tratadas com total indiferença, mas a cada uma delas é dado um índice de aprovação nos eternos mexericos que ocorrem enquanto a equipe aguarda sua chegada. Marilyn é totalmente diferente. Ela tem hoje uma fama tal, e a tentação de olhar para ela é tal, que todo mundo evita seu olhar como se ela tivesse mau-olhado. Eu não tenho certeza quanto a se isso a agrada. É óbvio que ela não tem muita autoconfiança e acho que ela prefere um grupo de homens aplaudindo-a e sorrindo quando ela entra numa sala a um que a trata com indiferença.

O que quer que finja estar fazendo, entretanto, todo homem e toda mulher no Estúdio A mantêm um olho em Marilyn o tempo todo que ela está ali. Eles não conseguem resistir e relatos, fofocas e piadas sobre Marilyn circulam incessantemente. Nas manhãs em que ela não aparece, a equipe fica indolente e com cara amarrada, como criança que não foi convidada para uma festa.

Nesta manhã, por falta de outra coisa para distraí-los, eles decidiram que é a vez de Colin ser objeto de provocação.

"Ouvi dizer que Colin é o novo namorado de Marilyn."

"Dizem que ele simplesmente irrompe em seu camarim sempre que está a fim de levar um papo."

"Eu fico me perguntando como Larry se sente diante disso."

"Ele tem ciúme."

"Dele ou dela?"

E todos caem numa gargalhada.

"Olhem aqui", eu disse, "*Sir* simplesmente me mandou perguntar a Miss Monroe se ela viria ao estúdio hoje e, por isso, eu bati à porta de seu camarim e lhe transmiti a pergunta, a qual ela respondeu 'Não'. E isso foi tudo que aconteceu."

"É mesmo? Norman [um de seus cabeleireiros] disse que você esteve lá dentro por dez minutos. Tempo suficiente para uns amassos."

"Sim, claro, uns amassos com Paula, presumo que você esteja querendo dizer. Ela também estava lá em seu camarim. Suponho que Norman possa confirmar isso."

Jack Cardiff, o diretor de fotografia, que havia trabalhado em filmes como *The Red Shoes* [*Os Sapatinhos Vermelhos*] e *The African Queen* [*Uma Aventura na África*], foi lá ver o que estava acontecendo. Jack é a única pessoa no *set* a tratar Marilyn como amiga. E por isso é o único membro da equipe com quem ela consegue se relacionar e, com certeza, o único inglês em quem ela deposita confiança. E ele, em retribuição, usa todo seu talento artístico para realçar a beleza dela. Ele sem sombra de dúvida a adora e, sendo ele um artista, sem qualquer intenção oculta, ela também o trata muito bem. A equipe toda percebe e valoriza isso. Jack, eles acreditam, é o homem que, por colocar o brilho de Marilyn na tela, irá salvar o filme.

"Será que Marilyn não tem o direito de fazer amigos?" Jack perguntou. "Eu gostaria que vocês fossem um pouco mais acolhedores com ela. Como vocês sabem, ela é estrangeira aqui, e ser estrangeiro é algo que vocês atribuem. Vamos voltar ao trabalho."

A verdade é que a equipe me vê com muita suspeita. Esse é o primeiro filme em que eu trabalho e sou, portanto, totalmente inexperiente. É óbvio que foi o próprio Olivier quem me contratou e me trata como seu sobrinho (apesar de gritar muitas vezes comigo se cometo algum erro). Vivien, a quem eu conheço desde menino, sempre fala comigo quando está de visita. "Colin, meu querido, você está cuidando bem de meu Larrizinho?", ela murmura, sabendo que me constrange tanto quanto me agrada. A senhora Sybil também conhece meus pais. Ela me trata como se eu fosse seu neto e comprou um cachecol de lã bem grossa para me manter aquecido enquanto aguardo do lado de fora do estúdio a chegada das estrelas ao amanhecer. (Pensando bem, a senhora Sybil trata todos os membros da equipe como se fossem seus netos e, se pudesse, compraria para cada um deles um cachecol de lã.)

Marilyn (graças a Deus) não conhece meus pais e não tem absolutamente nenhum motivo para falar comigo. Nós passamos juntos alguns momentos agradáveis (quer dizer, agradáveis para mim) quando eu conto a ela informações confidenciais sobre o que ocorre por trás dos bastidores, mas afora isso, ela sempre parece olhar através de mim como se eu fosse uma parede de vidro. E ela está certa. A pobre mulher já tem um prato cheio e não precisa de mim para lhe fazer exigências. Eu tenho que estar sempre lembrando a mim mesmo que ela é a estrela de cinema mais famosa do mundo procurando se ajustar ao ator mais famoso do mundo — e que não é um homem fácil de agradar.

Sem Marilyn no *set*, nós passamos um dia aborrecido fazendo os preparativos para as tomadas externas e foi apenas às 17h30 que eu fui ao camarim de Olivier para as devidas conferências antes de ele ir para casa. Milton já estava lá e, obviamente, pelo estado da garrafa de uísque e do cinzeiro, eles estavam travando uma daquelas longas e intensas conferências que pareciam não levar a absolutamente nenhum lugar.

"Nós decidimos dar a Marilyn outro dia de folga amanhã", Olivier disse com firmeza. "Milton diz que ela está perturbada com a viagem de Arthur e, assim, ela poderá ter um final de semana prolongado para se recompor. É de se indagar", ele prosseguiu inflexivelmente, "se ela nunca se pergunta por que tantas pessoas precisam de uma folga de sua presença."

"Isso não é justo, Larry. Talvez, seja ela quem precise de uma folga de nós", Milton disse. Ele jamais é malicioso com quem quer que seja, a não ser talvez com Paula, e com certeza jamais ousou nem mesmo ter pensamentos malévolos com respeito a Marilyn.

"Pode ser, caro amigo", Olivier disse. "Bem, digamos que ela poderá descansar e tirar um tempo para decorar seu texto."

Eu estava me perguntando que raios Marilyn faria naquela casa enorme, sozinha com Paula por todo um final de semana prolongado, quando o telefone tocou. Acontece que Milton estava ao lado do telefone e o atendeu. Ele praticamente depende do telefone para viver e, por isso, sempre que alguém liga, ele supõe ser para ele. E normalmente é, na maioria das vezes, dos Estados Unidos.

"Milton Greene. Oh, Roger. Tudo bem? O que você quer?"

De repente, ele pareceu enrugar um pouco a cara. "Sim, ele está aqui." Ele se voltou para mim.

"É pra você."

"Pra mim?"

Olivier quase explodiu. "Quem é Roger? Que droga está acontecendo aqui?"

Eu peguei o telefone. "Qual é o problema, Roger?"

"Colin." Roger falou num tom totalmente formal. "Miss Monroe quer que você dê uma passada na Parkside House em seu caminho para casa hoje à noite."

"Eu? Por que eu? Marilyn está bem?" eu perguntei.

Ouvi uma risadinha. "Estou ótima", disse alegremente a voz de Marilyn. "Na verdade, estou aqui bem junto do telefone!"

Se Milton tivesse dentes postiços, ele os teria engolido. Como um cão adestrado, ele havia captado a inflexão inconfundível da voz de sua dona e sua boca congelou de terror.

"Quem é a maldita pessoa que está na droga deste telefone" rugiu Olivier, naturalmente furioso por estar sendo excluído.

"É Marilyn", Milton sussurrou.

"MARILYN?"

"Monroe."

"Sim, sei quem é Marilyn, pelo amor de Deus."

Eu ouvi outra risadinha de Marilyn no outro lado da linha.

"Mas o que a minha estrela está dizendo pelo telefone a meu terceiro assistente de direção em meu camarim?"

"Esse é meu menino", Marilyn disse. "Vejo você mais tarde, Colin. Tudo bem?"

"Tudo bem, Miss Monroe. Como você quiser."

Graças a Deus que ela desligou antes que eu fosse despedido.

"Miss Monroe telefonou apenas para dizer que não virá ao estúdio amanhã."

"Isso nós já sabíamos", Olivier retrucou. "E por que raios ela comunica isso a você e não a mim?"

"Bem, como você me mandou ir a seu camarim ontem para fazer essa pergunta, eu suponho que ela deduziu que você quer que eu seja o mensageiro desse tipo de coisa."

"Hum... Bem, o que mais ela disse?"

"Nada mais."

"Colin, eu a ouvi dizer algo mais."

"Ela ouviu sua voz perguntando quem estava ao telefone."

Como sempre, Olivier esqueceu que havia acabado de rugir e praguejar.

"O que foi que ela disse?" Era a vez de Milton perguntar e ele estava suplicando. Deus sabe por que ele tem tanto medo de Marilyn. Ela havia soado extremamente amistosa comigo.

"Ela pediu que eu transmitisse a mensagem a Sir Laurence. Foi tudo."

"Oh, meu Deus, Colin, você tem que tomar bastante cuidado com Marilyn", disse Milton. "Ela se irrita muito facilmente com quem tem um mínimo de familiaridade." E voltando-se para Olivier. "Não sei se Colin deve continuar falando com ela, Larry. Ele é tão jovem que poderia facilmente meter os pés pelas mãos. De qualquer maneira, ela não é neste momento lá muito amiga dos britânicos."

As sobrancelhas de Olivier se ergueram.

"Colin é um perfeito britânico e não entende o quanto é importante que Marilyn pense que todos nós a amamos."

Milton estava explodindo de tanta ansiedade. Parecia um débil bajulador de Elizabeth I quando da aproximação da Armada Espanhola. "Cortem sua cabeça", se eu fosse a rainha, eu pensei.

Mas Olivier entendeu. "Muito bem, Colin", ele disse. "Continue fazendo direitinho seu trabalho e mantenha-me informado. Agora, por favor, seja um bom rapaz e arranje-nos mais uísque." E eu saí correndo.

Eram 19h antes de eu chegar a Parkside House. No caminho, eu havia sentido uma forte tentação de parar num *pub*, mas no final decidi que era melhor não chegar lá cheirando a uísque e com cara de idiota. Um bom mensageiro precisa manter a cabeça limpa. Estacionei o carro na esquina e entrei pela porta dos criados. Roger estava sentado na cozinha com uma cara muito séria.

"Miss Monroe falou para você aguardar na sala de visitas", ele disse de forma áspera e me conduziu até lá. "Se eu fosse você, me sentaria."

Passou-se um longo tempo sem que nada acontecesse. Levantei e fiquei dando voltas pela sala, prestando pela primeira vez atenção em tudo. As portas do terraço davam para um jardim em pleno florescimento, combinando com as flores do papel de parede e das cortinas.

Fiquei me perguntando se Marilyn havia alguma vez se sentado ali naquela sala. Não havia nenhum sinal de sua presença. Roger havia dito que ela e Arthur passavam a maior parte do tempo no andar de cima, eu imagino que no quarto. Eu o tinha visto quando inspecionara a casa antes de alugá-la. Ele fazia parte de uma grande suíte que incluía uma pequena sala de estar onde eles podiam comer sempre que quisessem ficar em completa privacidade — o que provavelmente era sempre, eu pensei. Afinal, eles estavam em lua de mel. Apesar de não serem mais tão jovens, isso ainda devia ter alguma importância para eles. Mas eu não conseguia imaginar sobre o que eles falavam quando juntos. Eles pareciam ser tão diferentes. A atração dos opostos, eu imaginei. E agora Arthur havia viajado sozinho para Paris. Isso não parecia um bom sinal.

A porta do *hall* se abriu e Paula Strasberg espichou sua cabeça para fora.

"Oh, é você, Colin?" ela disse sem muito entusiasmo e se afastou sem me perguntar o que eu estava fazendo ali, o que me pareceu um pouco estranho. Um pouco depois, Hedda Rosten, que estava no jardim, entrou na casa. A função dela é de acompanhante de Marilyn, mas eu nunca as vi juntas. Ela é uma americana de meia-idade, bonita de rosto, mas além de beber, ela fuma muito, o que Marilyn não faz. Ela ficou me olhando atentamente e abriu a boca, como se fosse dizer algo, mas acabou evidentemente desistindo e, portanto, eu apenas sorri e ela se afastou.

A essa altura, eu estava começando a me sentir como um peixe num aquário. Que raios eu estava fazendo na casa de Marilyn Monroe e Arthur Miller às 20h de uma quinta-feira? Marilyn havia me dito que não iria ao estúdio no dia seguinte. Ela teria todo o dia de amanhã e todo o final de semana para mandar uma mensagem a Olivier. Teria ela perdido a confiança em Milton Greene como meio de comunicação com seu diretor? Ou estaria eu sendo submetido a algum tipo de teste? Por que aquelas duas mulheres tinham aparecido como se fosse para dar uma olhada em mim? Teriam elas sido enviadas por Marilyn, eu me perguntei, ou seria apenas por curiosidade?

A essa altura, já fazia mais de uma hora que eu estava esperando. Estava escurecendo e eu começava a ficar incomodado. Depois disso tudo, eu mereço tomar um copo de uísque, eu pensei, e me dirigi para a bandeja com as garrafas e o gelo.

"Tome um trago, Colin."

Marilyn havia entrado na sala sem que eu percebesse.

"Oh, não, perdão, Miss Monroe. Estava apenas conferindo para ver se você tem tudo de que precisa."

"Acho que sim. Eu só estive uma vez nesta sala, no dia em que chegamos de Nova York. É muito bonita, você não acha? Você pode tomar uma bebida, se quiser. Você bebe muito, Colin? Você não parece ter idade suficiente para beber."

"Na verdade, tenho idade mais do que suficiente, Miss Monroe", eu protestei.

Ela estava parada à meia-luz da janela, usando um par de calças de seda clara e uma camisa de seda marrom que ressaltava seu fabuloso busto. Tive que reconhecer que ela estava absolutamente deslumbrante, mas apenas por um minuto, perpassou em minha mente o pensamento de que ela talvez tivesse demorado a aparecer de propósito, esperando que escurecesse.

"Você está com medo de mim, Colin?"

Apavorado, eu pensei.

"Não, não estou."

"Ótimo, porque eu gosto de você. Você parece não querer nada de mim" — "Hein?", eu pensei — "e eu quero que você me ajude. Você vai me ajudar?"

"Bem, farei tudo que puder, mas sou totalmente insignificante. É só pelo fato de eu ser o assistente pessoal de Sir Laurence que posso falar com o cinegrafista e outras pessoas como ele. Sou, acima de tudo, apenas um mensageiro, como a senhora pode ver."

"Mas você consegue enxergar o que está acontecendo, não é mesmo, Colin? Você consegue enxergar ambos os lados."

Marilyn caminhou até o sofá e se sentou, estendendo as pernas por cima das almofadas ao seu lado.

"Sente-se e conte-me tudo que está acontecendo." Ela apontou para uma poltrona perto de seus pés e, com relutância, eu me acomodei sobre sua beirada.

"Sem essa, Colin", Marilyn disse rindo. "Achei que você disse não estar com medo. Relaxe e fique à vontade. Vamos comer algo. Eu estou morta de fome. Você não está? Vou pedir que nos sirvam uma bandeja de comida." De repente, ela pareceu agitada. "Ou será que você comprometeu-se a jantar com outra pessoa? Oh, meu Deus, desculpe, se estou atrapalhando algo." Marilyn arregalou os olhos e abriu a boca de uma maneira que quase me fez desmaiar. "Tem uma Sra. Colin esperando em casa por sua chegada?"

"Não, não existe nenhuma Sra. Colin. E eu estou com muita fome, mas gostaria de dar um telefonema. Estou morando com o assistente de produção, Tony Bushell, e sua esposa, e eles estão me esperando para jantar."

"Vá logo telefonar", Marilyn disse. "Vou até a cozinha ver o que temos para comer."

Havia um aparelho de telefone sobre a mesa ao lado da janela. Disquei os números do telefone de Tony.

"Bushell", ele atendeu com sua voz de canhão. Haviam se passado muitos anos depois que ele deixara o exército, mas havia desempenhado o papel de oficial em tantos filmes de guerra que havia acabado adotando definitivamente um estilo militar.

"Sou eu", eu disse. "Não vai dar para jantar com vocês esta noite."

"Anne vai ficar furiosa. A comida está praticamente pronta. Onde você está?"

"Estou na Parkside House." Era perigoso falar demais. Como David e quase todo mundo do estúdio, Tony era meu chefe. Marilyn Monroe havia se tornado o "Inimigo" para ele assim que ficara claro que ela, ao contrário dele, não se curvaria obedientemente a toda ordem de Olivier. No entanto, estar na Parkside House era a única desculpa que ele podia não ignorar.

"Na Parkside House? Que diabos você está fazendo aí? Por acaso, os empregados ameaçaram ir embora? Ou você vai preparar o jantar para Miss Monroe?"

"Não exatamente..." Eu estava encrencado. Não podia dizer que Marilyn estava me fazendo de mensageiro para Olivier. Tony insistiria em ser ele o mensageiro. E certamente ligaria imediatamente para Milton Greene e o colocaria a par da situação. Eu sentia que estava começando a me dar muito bem com

Marilyn e não queria que Milton se metesse a querer proteger seu investimento — coisa que ele faria à velocidade da luz.

"Miss Monroe tem alguns pacotes enormes..." — para meu horror, vi Marilyn voltando para a sala. Fiz uma cara agonizante... — "que ela quer que sejam enviados para os Estados Unidos..." Marilyn começou a dar risadinhas... "e eu estou esperando para buscá-los."

"Essa não é uma tarefa para Roger?" Tony perguntou, exatamente como Milton havia perguntado dois dias antes. "Muito bem, se você está encalacrado, está encalacrado. Ela faz todo mundo ficar esperando. Vou explicar para Anne", e desligou resmungando.

"E então, Colin", Marilyn perguntou, voltando a se sentar no sofá, "o que está acontecendo?"

Ora essa, que raio estava acontecendo!

"Vou lhe dizer o que está acontecendo", eu disse, voltando para a minha poltrona. "Estamos todos tentando fazer um filme que de maneira alguma deveria ser feito. É por isso que envolve tanto sofrimento para todos. Sofrimento para você — todos nós podemos ver isso — e sofrimento para Laurence Olivier também. Você é uma grande estrela de cinema que precisa provar que sabe atuar. Olivier é um grande ator que quer se tornar um astro de cinema. Por alguma razão, alguém escolheu um roteiro em que você desempenha o papel de corista americana, papel esse que você já desempenhou muitas e muitas vezes e que, portanto, não lhe apresenta absolutamente nenhum desafio; e Olivier desempenha o papel de um velho rabugento, o oposto do que ele quer ser. Toda a trama está baseada numa peça que eu vi alguns anos atrás no teatro, com Olivier e Vivien Leigh, e mesmo então não foi lá muito boa. Era uma comédia de costumes e, como tal, nunca se adapta muito bem à tela. Suponho que alguém tenha esperado que viesse a ser um daqueles filmes no estilo Spencer Tracy–Katharine Hepburn, mas o nosso roteiro está cheio de todos aqueles diálogos antiquados, além de todos aqueles figurinos e cenários. É uma lástima, porque tanto você como Olivier merecem papéis aos quais possam se entregar de corpo e alma."

Marilyn estava com os olhos fixos em mim de surpresa.

"Eles me disseram que era um ótimo roteiro — e eu queria atuar com Olivier, para que as pessoas me levassem a sério. Essa era a única maneira de fazê-lo concordar a atuar comigo."

"Bem, eu acho que vocês foram ludibriados."

"Caramba, Colin, você está realmente interessado, não é mesmo? O que vamos fazer?"

Essa era, obviamente, a pergunta que todos nós vínhamos colocando a nós mesmos desde que a filmagem havia começado, e para a qual eu não sabia mais a resposta do que qualquer outra pessoa. Por sorte, eu fui poupado de ter que responder pela chegada de Maria e José, cada um com uma grande bandeja de prata. Eles não pareceram nem um pouco surpresos ao me verem sentado ali, o que me deixou mais seguro. Eles simplesmente colocaram a comida sobre a mesinha de centro e ficaram à espera.

"Eu quero uma Coca-Cola", Marilyn disse.

José olhou para mim.

"Duas Colas. Frescas, por favor."

"Oh, você fala a língua deles?" Marilyn se mostrou muito impressionada.

"É português. Eu estive em Portugal algumas vezes."

"É mesmo?"

Fez-se uma pausa.

Eu olhei para Marilyn através da mesa — e pela primeira vez, dei-me conta do que estava acontecendo. Marilyn estava sozinha. Ela precisava de alguém com quem conversar, alguém que não fizesse nenhuma exigência, alguém que não esperasse que ela fosse importante, grandiosa, inteligente ou sensual, mas com quem pudesse simplesmente ser o que quisesse. Pela maior parte do tempo, eu subitamente entendi, ela vivia incrivelmente tensa. Era quase impossível para ela relaxar. Comigo, no entanto, pelo fato de eu ser muito mais jovem, ela não achava que eu fosse julgá-la e, provavelmente, mesmo que eu o fizesse, ela não se importaria.

Marilyn começou a devorar uma grande tigela de salada de frango com maionese, demonstrando estar extremamente faminta. As pílulas que ela tomava provavelmente tiravam seu apetite, eu pensei, como também a despertavam. Como ela ia dormir tão tarde pela manhã, aquela podia ser sua primeira refeição do dia.

José voltou com quatro garrafas de Coca-Cola, dois copos e uma vasilha com gelo.

"*Obrigado*", eu disse em português.

"Ooh!" Marilyn exclamou. Ela parecia ficar mais animada a cada bocado de comida. "Por que você não disse ao Sr. Bushell que esteve aqui de visita? O que ele diria?"

"Ele explodiria e me chutaria para fora de sua casa. Ele é um homem maravilhoso, realmente, mas sua lealdade a Sir Laurence o deixa totalmente cego. Se você não é cem por cento leal a Sir Laurence — como é a maioria da equipe de filmagem, devo reconhecer — você é seu inimigo, de acordo com o entendimento do Sr. Bushell."

Marilyn deu uma risada. "Então, eu sou sua inimiga, é isso? Bem, não se preocupe, eu vou não denunciar você. Afinal, nós não estamos tendo nenhum caso." Mais risadas. "Mas o que vamos fazer com respeito ao filme?"

"Não há nada que possa ser feito a essa altura. É tarde demais para fazer algo que não seja tentar terminá-lo e fazer dele o máximo de sucesso possível. E depois fazer algo melhor, eu suponho."

"Eu achava que podia fazer um ótimo trabalho", Marilyn disse, "mas toda vez que entro naquele estúdio, tenho calafrios. Paula é a única pessoa em quem eu posso confiar. Além de você, talvez?"

Ela girou o corpo no sofá até seu rosto ficar abaixo do meu e ergueu os olhos em minha direção. Seus olhos estavam tão arregalados que eu achei que estivesse vendo uma linda piscina, mas antes que eu pudesse fazer qualquer coisa, ouvimos uma batida à porta e alguém entrou.

"Sim?" Marilyn disse, sem mover nenhum músculo.

"Alguém está querendo falar com a senhora ao telefone, madame", Roger disse impassível. "Acho que é do exterior."

Marilyn se ergueu tão rapidamente como se tivesse levado um choque.

"Ah, meu Deus!" ela exclamou. Aquela vaga expressão de obscuridade estava de volta em seus olhos e seus ombros se curvaram. "Bem, boa noite, Colin. Foi muito gentil você ter vindo aqui. Vou adorar se você puder vir amanhã à noite para podermos continuar nossa conversa." Ela disparou para fora da sala como um coelho espantado.

"Espero que você vá embora agora", Roger disse, aguardando junto à porta.

"Sim. Hora de ir embora" eu disse, com o máximo de indiferença de que fui capaz e corri com tanta velocidade até o carro que meus pés nem tocaram o chão.

"Boa noite, Roger."

"Até parece!"

❖ ❖ ❖

Sexta-feira, 14 de Setembro

TONY E ANNE JÁ ESTAVAM DORMINDO quando eu voltei para a Runnymede House e ainda não haviam levantado quando saí na manhã seguinte. Foi apenas por volta das 9h30 da manhã que as reverberações da noite anterior começaram a se manifestar.

"Tony quer que você vá imediatamente ao camarote de Sir Laurence", David me comunicou. "E a propósito, ele está urrando e batendo tanto com os pés que é melhor você se preparar para levar uma tremenda bronca. Fico me perguntando, o que você andou aprontando ontem à noite."

"Nada, eu juro a você. Não posso imaginar qual é o problema. Eu apenas perdi a hora do jantar, é tudo."

"Ora, essa. Perdeu a hora do jantar." David espremeu a cara num esforço para parecer astuto. "Eu me pergunto por quê?"

"Eu não quero nem saber se ele está *trepando* com ela às escondidas", ouvi Olivier dizer quando entrei em sua sala. "Talvez assim ela se acalme."

(A linguagem de Olivier é sempre terrivelmente vulgar. Jack Cardiff me disse que quando ele usou pela primeira vez a palavra *trepar* diante de Marilyn, ela arregalou os olhos e disse, "Caramba, então quer dizer que esta palavra existe também na Inglaterra?")

"Ah, Colin", Olivier prosseguiu, sem fazer uma pausa. "Tony me disse que você passou esta noite com Marilyn. Você descobriu alguma coisa?"

"Passei a noite com Marilyn?" Eu disse com indignação. "Eu passei a noite na casa de Tony! Eu só fui até a Parkside House levar um recado para ela e ficamos batendo um papo. E o que eu descobri é que ela não é nem de longe tão estúpida quanto parece."

"E quanto ao jantar?", Tony me interrompeu. "Você ficou para jantar com ela também?"

"Marilyn tinha para o jantar salada de frango e me convidou para comer com ela, é tudo."

"O que mais aconteceu foi que eu achei ter ouvido risadas dela quando você estava ao telefone. Marilyn não costuma dar risada. Do que ela estaria rindo?"

"Risada me soa bem", disse Olivier.

"Sim, mas Larry, esta é uma situação muito delicada", disse Tony. "Colin é jovem e inexperiente. Ele pode dizer alguma coisa que venha estragar toda a cesta de maçãs. Levou um ano de planejamento secreto para trazer Monroe até aqui e uma mera observação inadvertida de Colin, mesmo sem ele saber o que está fazendo, poderia levar Marilyn e Arthur a correr de volta para os Estados Unidos."

"Arthur provavelmente já está a caminho de volta para os Estados Unidos", eu disse. "E eu não fiz até agora nenhuma observação inadvertida."

"Talvez", disse Olivier, "se Colin for tão educado e diplomático quanto é capaz de ser, é mais provável que Marilyn fique." Ele me lançou um olhar que mais pareceu ser de malícia.

"Miss Monroe simplesmente me dispensa um tratamento de igual para igual. Há algo de errado nisso?", eu protestei. "Ela me considera um simples colegial."

"Miss Monroe pode ser extremamente manipuladora quando quer", Tony disse. "Ela teve Laurence comendo na palma de sua mão em Nova York e agora ela o trata como se ele não existisse. Você tem que realmente tomar muito cuidado, Colin. Ela é uma mulher muito perigosa. Muito ambiciosa e totalmente sem escrúpulos também. Você sabia que ela teve outra mentora de artes dramáticas antes de Paula Strasberg e quando se encheu dela simplesmente a dispensou como se fosse uma batata quente — depois de fingir confiar nela por muitos anos? Ela não tem nenhum receio de usar as pessoas para obter o que quer. Não acredite em nada do que ela diz. Aqueles seus olhos grandes e maravilhosos são verdadeiras armas."

Qual era afinal o receio de Tony, que eu perturbasse Marilyn ou que Marilyn me machucasse?

"Não vejo como exatamente ela poderia me usar para promover sua carreira", eu disse. "Eu não tenho absolutamente nenhum poder sobre ela. Eu só vou até a Parkside House para levar recados. Mas acho que ontem à noite ela estava se sentindo solitária, por Arthur ter viajado, e simplesmente disposta a bater um papo com alguém que não ficasse querendo controlá-la. Paula é bajuladora demais e Hedda costuma se embriagar um pouco à noite. De qualquer maneira, provavelmente, eu jamais voltarei a ser convidado."

"Bem, caso seja, tome muito cuidado", disseram os dois homens em coro. "E presumo que você voltará para jantar na Runnymede House hoje à noite", Tony acrescentou de forma ameaçadora.

Em algum lugar de minha mente eu pude ouvir a voz de Marilyn dizendo, "vou adorar se você puder vir aqui amanhã à noite", enquanto corria para atender ao telefone, mas provavelmente ela estava apenas dizendo aquilo por delicadeza.

"Juro que estarei em casa para o jantar hoje à noite", respondi.

Os *sets* de filmagens são como panelas de pressão — vedados, desprovidos de ar e incrivelmente quentes. Infinitos atrasos inexplicáveis são comuns. Boatos circulam entre os membros da equipe em uma questão de segundos. Quando voltei para meu posto normal ao lado de David, eu já havia voltado a ser o principal objeto de atenção.

"E então, Colin, quer dizer que Arthur nem bem havia partido", alguém disse.

"Do que você está falando?" eu perguntei, ficando vermelho de raiva.

"A senhora Miller virá ou não trabalhar hoje? Talvez esteja cansada demais."

Um coro de ovações.

"Será que Marilyn não pode demonstrar um pouco de amizade sem que vocês palhaços se apressem a tirar conclusões?"

"Ah, então agora ela é *Marilyn*?"

Era a primeira vez que eu me ouvia dizer "demonstrar um pouco de amizade".

Richard Wattis, o ator que está desempenhando o papel do Sr. Northbrook do Ministério das Relações Exteriores, veio me dar alguns conselhos. Incompetente é o que se pode esperar de um solteirão convicto e eu pude, portanto, adivinhar o que ele ia dizer.

"Você já ouviu falar numa flor chamada *dioneia*, que prende os insetos, Colin? Bem, você é o inseto. Você acha que pode ficar apenas zumbindo em volta, por vontade própria, mas de repente um perfume inebriante o atrai e 'numa questão de segundos' você é engolido. Acredite em mim, ela é uma mulher muito perigosa. Sou ator e sei."

"Ora, eu quero que vocês vão para o inferno!", eu disse. "Ela é apenas uma garota bonita que se vê diante de uma tarefa demasiadamente difícil. Você consegue imaginar sob quanta pressão ela vive, especialmente com tipos da sua laia seguindo cada passo que ela dá?

"Deixem a Marilyn em paz", Jack Cardiff disse, vindo de novo em meu socorro. "Ela está fazendo o melhor que pode. Vocês todos correm a se juntar contra ela. Ela é a mulher mais bonita que eu já fotografei", ele disse para mim. "E uma pessoa extremamente encantadora também."

Finalmente, Olivier chegou e todo mundo calou a boca e começou a trabalhar.

Assim que interrompemos o trabalho para almoçar, foi a vez de Milton Greene. Pela primeira vez, ele estava esperando por mim, e não por Olivier, no corredor que levava ao camarim.

"Colin, preciso levar um papo muito sério com você."

"Oh, por Deus, não agora, Milton. Sir Laurence está ficando terrivelmente irritado com tudo isso. Qual é o problema desta vez? Eu não fiz nada de errado."

"Arthur me ligou de Paris ontem à noite. Ele estava muito irritado."

"Arthur Miller! Ele não sabe nem quem eu sou."

"Agora ele já sabe. Parece que ele ligou para Marilyn ontem à noite e ela demorou muito para atender ao telefone. Quando ele perguntou por que, ela disse que estava se despedindo de você."

"Oh, ela deve ter feito isso só para provocá-lo. Acho que ela estava zangada por ele ter viajado e decidiu provocar ciúmes nele. Não era tarde, apenas 21h."

"22h30, de acordo com Arthur."

O tempo tinha realmente voado.

"Para ele que está seguindo o horário da França. É uma hora a mais", eu disse, pensando rapidamente.

"Não é esse problema", Milton disse. "Arthur queria saber o que você estava fazendo lá. E eu não soube responder. O que você *estava* fazendo lá? Diga-me a verdade."

"Eu não estava fazendo *nada*! Tanta confusão por absolutamente nada. Miss Monroe pediu para eu dar uma passada lá, porque queria me passar uma mensagem a Sir Laurence Olivier. Ela me fez esperar uma hora, mais ou menos, e então me convidou para comer uma salada de frango e depois eu fui embora. Isso é tudo."

"E qual foi a mensagem importante que Miss Monroe lhe incumbiu de transmitir a Sir Laurence?"

"Bem, simplesmente que ela não viria ao estúdio hoje." Aquilo soou pouco convincente.

"Algo que Olivier já sabia, não é mesmo? Na verdade, foi ele mesmo que disse a Marilyn que ela não precisava vir trabalhar hoje."

"Bem, sim, acho que é verdade. Achei aquilo um pouco estranho."

"*Acha*? Você não acha nada. Se você *pensasse* teria entendido que não pode nem chegar perto de uma pessoa tão importante como Marilyn Monroe sem irritar alguém. Neste caso, seu marido. E a mim."

Milton de repente ficou amável.

"Colin, de agora em diante, por favor, não volte a ver Marilyn. Nem mesmo volte a falar com ela sem antes me informar. Ela está total e completamente fora de seus limites, como também de todos os outros da equipe. Entendeu? Eu gosto de você, Colin, mas se isso voltar a acontecer, terei que dizer a Sir Laurence para expulsar você totalmente dos estúdios. Eu mesmo irei jantar com Marilyn hoje à noite e explicarei toda a situação, de maneira que você não precisa ligar para ela. Ela disse a Arthur que poderia ver você novamente hoje à noite e isso não pode acontecer, nem hoje nem outra noite qualquer. Entendido?"

"Tudo bem, Milton. Mas continuo achando que você está dando muita importância a algo que não merece."

Tinha sido divertido enquanto havia durado, mas eu não queria perder o meu emprego. Não havia acontecido nada, mas eu lamentei muito por Marilyn. A pobre mulher estava se tornando uma total prisioneira de sua fama. Uma inocente vinda da Califórnia feita prisioneira de todos aqueles homens poderosos de Nova York — uma galinha de ouro trancafiada numa gaiola de ouro e obrigada a botar ovos de ouro para todos eles se divertirem. Arthur era o rei perverso que a mantinha trancada em seu palácio. Milton era o mágico com poderes para garantir que ela fizesse o que era mandada. Paula era a perversa cortesã que vivia soprando palavras doces em seus ouvidos, de maneira a fazê-la acreditar que era ela quem realmente detinha o poder. O restante de nós — inclusive Olivier, mesmo não percebendo — era apenas parte do cenário. Toda a pompa em torno da grande estrela não passava de uma farsa — literalmente, no caso deste filme, nada além de uma fachada. A princesa havia agora tentado dizer ao mundo que era uma prisioneira. Essa era a verdadeira mensagem que Marilyn havia querido me passar. E, naturalmente, era exatamente isso que todos aqueles homens gananciosos queriam que ninguém ficasse sabendo. Não é de admirar que Milton tenha se empenhado tanto em me manter afastado dela.

Eu queria desesperadamente salvá-la, mas o que eu podia fazer? Não podia denunciar seu caso à polícia. Nem tampouco a um jornal. Nenhum repórter de celebridades se disporia a acreditar em mim — e, de qualquer maneira, todos eles faziam parte da trama. Eles eram demasiadamente respeitosos do sistema para chacoalhar o barco. Marilyn era como uma vaca cobiçada, para ser levada de um espetáculo a outro, enfeitada, lustrada e cutucada enquanto as plateias gracejassem e aplaudissem. Se ela desse um passo, por menor que fosse, de independência, o céu desabaria. "Ela é uma mulher manipuladora e muito perigosa", eles diziam, como Tony. "Não se pode dar a ela nenhum dedinho de confiança."

Olivier continuou em seu camarim quando Milton foi embora e eu, em desespero, tentei discutir o problema com ele. Olivier é um ser humano, eu pensava, um homem maravilhoso, leal e sensível. Quem sabe, se eu lhe explicasse corretamente a questão...

"Esqueça isso, Colin", ele disse antes mesmo de eu abrir a boca para falar. "Este problema é maior do que todos nós. É por isso que eu desprezo tanto Hollywood. Os estúdios de lá são tão poderosos que todo mundo tem medo. Aquilo não passa de uma tremenda máquina de fazer dinheiro. Eles a chamam de fábrica de sonhos. É sim uma fábrica, mas não tem nada a ver com sonhos, só com dinheiro. Poder, sexo, *glamour* — coisas como essas deixam as pessoas simplesmente tão fascinadas que não conseguem enxergar a verdade. E garotas como Marilyn estão tentando tirar vantagem, exatamente da mesma maneira como são exploradas. É uma guerra. Nenhum centavo é dado a nenhum dos lados. Pode acreditar em mim, você tem que ser extremamente ousado para conseguir um décimo da distância que Marilyn percorreu. Agora ela já se tornou a estrela mais famosa de todas elas. Ela encarou os chefões de Hollywood e, com a ajuda de Milton, obteve uma vitória e tanto. Por um momento, ela chegou a pensar que era livre. Mas quem realmente tem o controle sobre ela? A

MCA, a maior agência de cinema de Hollywood. Quem está pagando por este filme? A Warner Brothers. Com qual empresa ela mantém contrato? Com a Twentieth Century-Fox. Ela simplesmente não consegue trabalho sem a ajuda e a aprovação de Hollywood. É claro que ela gostaria de ter com você uma relação de igual para igual, mas é tarde demais para isso. Em Hollywood, não existem relações de igualdade. Devemos agradecer a Deus por aqui ainda não ser assim. Trate agora de voltar para jantar em casa com Tony e Anne. Como você sabe, eles gostam realmente de você."

"Obrigado, Larry", eu disse e fui para casa com o coração pesado de tristeza.

❖ ❖ ❖

Sábado, 15 de Setembro

ERA UMA MANHÃ ABSOLUTAMENTE ESPLENDOROSA de verão e, pela primeira vez, eu não tinha que me levantar às seis da manhã para ir ao estúdio. Quando eu finalmente desci as escadas, Anne Bushell estava na cozinha preparando o almoço. Ela ficou me observando com uma expressão de dúvida enquanto eu me servia de cereais e leite.

"Tony me contou que você teve uma semana muito excitante", ela finalmente disse.

"As coisas acabaram saindo totalmente do controle", eu respondi. "Você acha que fazer amizade com Marilyn seja realmente um pecado imperdoável? Ela não tem muitos amigos e como Arthur viajou, ela ficou muito sozinha."

"É onde mora o perigo, eu suponho, Colin. Você já conquistou certa fama de caçador de mulheres. Se não me engano, ouvi Tony falar do seu caso com uma garota encarregada do figurino. E com uma bailarina de Londres, também!"

"Oh, Anne, por favor, com certeza não é nenhum crime admirar mulheres bonitas! Não estou tendo um caso com ninguém, você sabe." A própria Anne era muito atraente.

"Bem, Marilyn não é apenas uma mulher bonita *qualquer*, você não concorda? Como você sabe, tem muito dinheiro envolvido. Depois, tem esse filme e também a reputação de Larry como diretor de cinema. E não esqueça que ela está em sua lua de mel. Esta não é definitivamente a hora de ela fazer novas amizades masculinas. Ouvi dizer que ela e Arthur tiveram uma tremenda briga uma noite dessas. Espero que não tenha sido por sua causa."

"É claro que não foi. Talvez Marilyn não goste do jeito que Arthur olhe para ela — como se ela fosse um troféu que ele ganhou numa rifa. Ela parece ter medo dele. Ela o trata como um pai muito severo, a quem ela adora, mas que é difícil de agradar. Eu não consigo imaginar por que ele foi a Paris. Afinal, pode muito bem ter sido uma combinação feita por eles — de viajar pela Europa ou coisa parecida — mas o boato que corre é que ele vai viajar para Nova York antes de voltar para cá."

"Oh, pobre garota", Anne disse. "Ela deve estar se sentindo muito infeliz."

Exatamente naquele instante, eu ouvi o ruído de um carro e saí para ver quem estava chegando. Para minha surpresa, era o velho Wolsey preto de Roger que estava entrando lentamente pelo caminho de cascalho. Eu acho que ele havia comprado aquele carro quando deixara a polícia. Seu fiel escudeiro.

Tony também havia notado a chegada de alguém e saiu detrás da casa para ver quem era.

"Qual é o problema, Roger?" ele rugiu. Tony adorava problemas. Seu estilo militar causava em todo mundo a impressão de que sabia lidar com emergências. Na verdade, ele era apenas um ator, que sempre deixava passar as deixas.

"Absolutamente nenhum problema, Sr. Bushell", Roger respondeu. "Eu só passei aqui para levar Colin para almoçar."

"Olha aqui, Roger, você vai levá-lo de novo para a casa de Miss Monroe, não é mesmo?" Tony disse num tom severo. "Isso seria realmente muito desagradável."

"Definitivamente, não", Roger disse. "Não vim aqui buscar Colin para levá-lo à casa de Miss Monroe. Eu juro a você que não."

"Oh, bem, então vá lá. Apenas por um instante, eu pensei que ela pudesse ter mandado você buscá-lo."

"Não", disse Roger. "Nada disso. Colin, por que você não entra logo no carro? É hora de irmos."

"Para onde, Roger?" eu perguntei, saltando para o banco da frente. "Para que lugar estamos indo?"

"Não importa. Simplesmente feche a porta, sim?" Com um estalido, ele colocou o Wolsey em primeira marcha.

Tony tentou espiar com o nariz grudado na janela traseira, mas nós já estávamos em movimento.

"Espera aí! O que está debaixo do tapete no banco traseiro? Acho que vi algo se mexer."

"É a minha cachorrinha", Roger disse por cima do ombro. "Nós vamos levá-la para passear no parque de Windsor."

Nós fizemos tão bruscamente o contorno para deixar a entrada da casa que Tony ficou ali parado na grama coçando a cabeça.

"Por que você deixou Miss Monroe sozinha, Roger?" eu perguntei. "Se não me engano, eu disse para você nunca fazer isso."

"Surpreeesa!"

A cabeça loira de Marilyn surgiu de repente no espelho retrovisor como se fosse de uma caixinha de surpresas, causando-me um ataque parcial do coração.

"Marilyn, mas que raios ela está fazendo aqui?"

Uma explosão de risadas. "Bem, melhor assim. Finalmente, sou apenas 'Marilyn'. Estou cheia de ser chamada de 'Miss Monroe'. Soa pomposo demais. E de qualquer maneira, hoje eu não quero ser a senhora Monroe. Quero ser apenas eu. Roger e eu pensamos em vir lhe fazer uma surpresa. Você não gostou de me ver?"

"É claro que gostei, estou extremamente emocionado. Mas é que ontem, bem, todo mundo pareceu extremamente irritado com o fato de eu visitar a Parkside House, dizendo que estou interferindo em sua vida, no filme e em tudo mais."

"Oh, pura besteira", Marilyn disse. "Não dê nenhuma importância a esses velhos desmancha-prazeres. Está fazendo um lindo dia de verão e Roger e eu decidimos fazer uma aventura, não foi, Roger?"

"Rã-rã", Roger murmurou. Ele reduziu a marcha e parou com as duas rodas à beira de um gramado. "E agora, vamos para onde?"

Eu girei a cabeça e me dei de frente com os olhos extremamente maliciosos de Marilyn.

"Tudo bem, mas Milton disse que se eu voltasse a falar com você, ele mandaria me colocar num saco e me jogaria para fora do estúdio."

Marilyn franziu o cenho. "Eu tive uma outra mentora antes de Paula. Você não acreditaria se eu dissesse quantas vezes ela foi ameaçada de ser expulsa do *set*. Mas isso nunca aconteceu. Ninguém pode ensacar você, Colin — a não ser eu, é claro." Outra risadinha. "Você está em segurança."

"Mas que droga!"

Sem poder nos ouvir, Tony tinha nos seguido para investigar e estava agora com os olhos fixos no banco traseiro, com a cara contorcida de raiva.

Marilyn gritou e se enfiou debaixo do tapete. Roger soltou a embreagem com um solavanco e o carro voltou a bater as asas como uma velha gralha preta.

"Espera!" Tony gritou. "Colin, quero ter uma palavra com você!" Mas dessa vez, o treinamento militar de Roger lhe seria vantajoso. Ninguém sequestraria Marilyn Monroe enquanto ele estivesse ao volante, nem mesmo o Sr. Bushell.

"Caramba! Essa foi por um triz." Marilyn emergiu de baixo do tapete parecendo ainda mais desgrenhada e descarada do que antes.

"Você acha que ele me viu?"

"Tenho quase certeza de que sim", eu disse. "Ele já deve estar telefonando para Sir Laurence."

"Será? E o que você acha que Sir Laurence vai dizer?"

"Ele vai pensar por um minuto e, em seguida, vai soltar uma risada e dizer a Tony para que não conte a mais ninguém, que guarde isso em segredo."

"Você o conhece bem, não é mesmo, Colin?"

"Sim, conheço e sei que ele um ótimo sujeito. Mas entendo que, no momento, é provável que você não o veja assim."

"Oh, é claro que não. Ele é tão terrivelmente severo. Trata-me como se eu fosse uma colegial e não uma atriz."

"É apenas o jeito dele. Ele percebe que você é uma artista sempre que vê a filmagem do dia anterior. Todos nós percebemos."

"Detesto ter que interrompê-los", disse Roger, "mas para onde estamos indo?"

"A qualquer lugar" Marilyn respondeu. "Hoje é sábado e eu quero estar livre. Que tal o parque de Windsor que você mencionou ao Sr. Bushell? Você acha que ele virá nos espionar? Ora, não importa. Temos Roger conosco. Podemos ir aonde bem entendermos."

"Então, vamos para o Windsor Great Park", disse Roger. Passados alguns minutos, ele fez um contorno para descer uma longa avenida arborizada. "É bem aqui."

Logo, nós chegamos diante de um par de portões altos de ferro com uma portaria ao lado. Roger parou, saiu do carro e bateu à porta. Um homem abriu a porta e Roger falou com ele por alguns instantes antes de mostrar o que eu supus ser algum tipo de passe.

"Não gosto de ir sozinha no banco de trás", Marilyn disse. "Sinto-me como se fosse a rainha. Venha ficar comigo." Eu me espremi ao lado dela no nada cômodo banco traseiro do Wolsey.

"Muito bem. Você disse que não tinha medo de mim. Aconchegue-se. É mais divertido."

Roger voltou ao volante e soltou um suspiro ante o assento agora desocupado, a seu lado, enquanto o homem abria os portões.

"Nós vamos, neste momento, ver a Sua Majestade" ele disse. "É melhor vocês dois aí atrás se comportarem."

"Ótimo! O Sr. Bushell não pode nos seguir até aqui", Marilyn disse, apertando o meu braço.

Tudo estava andando rápido demais para mim. Eu estava me sentindo como se tivesse sido sequestrado. Quer dizer, era incrivelmente divertido estar ao lado de Marilyn Monroe no banco traseiro de um Wolsey preto malcheiroso entrando velozmente pelo portão dos fundos do Palácio de Windsor — mas o que mais poderia acontecer? Eu nem mesmo estava usando paletó. Onde poderíamos ir? O que eu poderia fazer? Depois disso, como eu poderia voltar ao trabalho de filmagem como terceiro assistente de direção? Tudo que era normal, todas as regras a serem seguidas no dia a dia pareciam ter sido jogadas pela janela. Roger era a única pessoa sensível de todo o pessoal que cercava Marilyn e agora ele parecia participar de alguma espécie de trama. Provavelmente, eu poderia ser processado por quebra de contrato, alienação, assédio ou coisa parecida. Talvez me expulsassem do estúdio. Eu era responsável, eles diriam, pelo sequestro de sua estrela que valia um milhão de dólares, a mulher mais famosa do mundo. O que aconteceria se sofrêssemos um acidente e ela morresse?

"Pare o carro!" eu disse a Roger. "Vamos sair para pensar. Não há ninguém nas redondezas. Vamos dar uma caminhada para refrescar a cabeça."

Roger encostou o carro à beira da rua e Marilyn e eu descemos. Ela continuava apertando o meu braço, eu notei.

"Eu vou ficar aqui de guarda", Roger disse. "Por que vocês dois não dão uma caminhada até aquele pequeno córrego para arejar?"

"Ótima ideia!" Marilyn disse, soltando a mão de meu braço e abaixando-se para tirar os sapatos. Em vez de seu habitual par de calças, ela estava usando um vestido branco e curto de lã, que revelava um bumbum extremamente atraente, coisa da qual ela devia estar bem consciente.

"Vamos, Colin!" Ela seguiu descendo o declive com seus pés descalços amassando a grama. "Vamos, Colin, deixe de formalidades! Tire os sapatos. É maravilhoso."

Quando chegamos ao riacho, estávamos sem fôlego e com tanto calor que nos pareceu uma ótima ideia entrar diretamente na água. "Acho que esta é a coisa mais maravilhosa que já senti em toda a minha vida", Marilyn disse, enfim falando sério. "O que você acha, Colin? Você não percebe?" Ela estendeu ambas as mãos para pegar as minhas. "Eu me sinto tão viva. Pela primeira vez, eu me sinto parte da natureza. Você também sente isso, Colin? Tenho certeza de que sim."

Para falar honestamente, eu estava sentindo como se fosse me afogar, apesar de a profundidade da água ser de apenas duas polegadas.

"Sim, eu também me sinto assim", eu murmurei.

Mas ela não estava me escutando.

"Por que eu fico tomando todas aquelas pílulas? Por que eu me preocupo com o que todos aqueles homens pensam? Por que eu me deixo ser humilhada? É assim que eu deveria me sentir cada dia de minha vida. Este é meu verdadeiro eu... você não concorda, Colin?"

A essa altura, meus pés estavam gelados e eu a conduzi para a margem onde nos sentamos.

"Não, Marilyn. Por Deus, esse não é seu verdadeiro eu. É apenas uma linda, muito linda ilusão. Você é uma estrela. Uma grande estrela." Eu estava começando a soar como Paula Strasberg, mas era verdade. "Você não pode fugir disso. Você tem que atuar. Milhões de pessoas a amam e admiram. Você não pode ignorá-las. Você não pode abandoná-las. Vamos apenas curtir um dia extremamente prazeroso, um dia do qual jamais esqueceremos, para depois voltarmos à vida real."

"Apenas um dia?"

"Bem... quem sabe todo um final de semana?"

"Ou toda uma semana?"

"Veremos."

Marilyn se animou. "Tudo bem. E então, como vamos passar nosso dia?"

"Vamos ao Palácio de Windsor. Pode ser que Sua Majestade esteja em casa. Depois, podemos ir a minha antiga escola, o Eton College. Tem uma pequena casa de chá onde servem uma comida deliciosa. E, finalmente, talvez a gente possa dar uma nadada no rio antes de voltar para casa."

"Parece uma ótima ideia. Vamos. Você acha que Roger se importará se o tratarmos como chofer?"

Olhei-a nos olhos. "Como você sabe, ele faria qualquer coisa por você, Marilyn."

Roger, obviamente, conhecia bem o caminho para o Palácio de Windsor. "Eu trabalhei aqui", ele disse. "Como segurança da Família Real."

Ele estacionou o carro na subida que dava para o portão principal e subiu na frente, até a portaria, seguido de Marilyn e eu segui alguns passos atrás. Obviamente que ele estava contente por voltar a assumir a liderança.

Havia dois enormes policiais uniformizados obstruindo a passagem pela arcada e, mesmo não conhecendo Roger pessoalmente, ficou claro que os semelhantes se reconhecem a uma distância de sessenta metros.

"Oficial de Polícia de Investigações Smith", Roger disse. "Estou acompanhando esta senhora e este senhor e eles gostariam de conhecer o palácio. Tem alguma maneira de o senhor poder ajudar?"

"Eles conhecem alguém daqui? Precisamos anotar um nome para contato aqui no livro. Do contrário, um de nós terá de acompanhá-los o tempo todo e eles podem não querer isso."

Marilyn estava apertando a minha mão de maneira um tanto quanto desesperada e eu percebi que ela estava apavorada com a possibilidade de eles a reconhecerem — e, ao mesmo tempo, aterrorizada com a possibilidade de eles não a reconhecerem.

"Meu padrinho trabalha aqui", eu disse. "Eu costumava vir visitá-lo quando ia à escola. Ele é o bibliotecário. Seu nome é Owen Morshead. Talvez o senhor possa ligar para ele."

Todas as sobrancelhas se ergueram. Eu estava usando uma camisa branca, um par de calças de flanela cinza e sandálias, não exatamente os trajes do típico visitante do palácio. Nós todos entramos na guarita e o policial digitou um número.

"Senhor Owen? Aqui é da portaria central. Está aqui um jovem chamado...?

"Clark, Colin Clark."

"De nome Clark, que gostaria de falar com o senhor." Ele passou o telefone para mim.

"Colin, é você? O que você está fazendo aqui?" Owen Morshead é um excêntrico erudito com um tremendo senso de humor. Ele tem uma esposa igualmente encantadora de nome Paquita e, juntos, eles são como um sopro de ar puro nos círculos da realeza.

"Estou trabalhando num filme aqui perto e achei que poderia trazer meu..., bem, minha amiga" — eu dei uma risadinha para Marilyn — para você conhecê-la."

"Com muito prazer", Owen disse. "Estou esperando alguns visitantes para logo mais, portanto, seria bom que vocês viessem imediatamente. É simplesmente seguir a subida até encontrar outro policial do lado de fora de minha porta. Ele lhe dará as devidas orientações."

"Acho que vou ficar esperando aqui no portão", Roger disse. "A senhora estará em segurança dentro do palácio", ele falou para Marilyn.

"Psiu!" Marilyn sussurrou, dando uma piscadela e um meneio que chamaram a atenção dos dois policiais e nós nos apressamos a dar no pé.

As notícias se espalham rapidamente e no próximo posto policial, três ou quatro homens se atropelaram para ver se era verdade. Na realidade, eles queriam tanto dar uma olhada em "minha amiga" que eu tive de empurrá-los para passarmos pela porta da biblioteca.

Ali dentro, estávamos em outro mundo. Owen Morshead não demonstrou ter alguma vez em sua vida ter estado num cinema.

"Que fascinante, que fascinante. Você é linda, minha querida. Tenho certeza de que você e Colin têm muito em comum. Bem, este é meu humilde esconderijo." Seu braço fez um giro por toda a Biblioteca Real, sala após sala repleta de livros e quadros. As mesas estavam cobertas de livros e em todas as cadeiras havia pilhas de livros, como também no piso.

Owen soltou uma gostosa risada. "Isto aqui parece muito sombrio e empoeirado, não é mesmo?" ele perguntou, mas Marilyn estava impressionada.

"Oh, senhor Owen" — nunca se sabia ao certo se ela seria capaz de lembrar um nome — "eu adoro livros", ela disse, sussurrando como uma criança. "O senhor leu todos eles?"

"Por sorte, a gente não é obrigado a fazer isso." Owen estava se divertindo imensamente. "Muitos deles são apenas de ilustrações." Ele pegou uma grande pasta de uma das prateleiras e abriu-a. "Estas aqui são todas de um artista chamado Holbein."

"Ooh, que mulher linda!" Marilyn disse, olhando por cima do ombro dele. "Quem é ela?"

"Era filha de um dos cortesãos do rei, quatrocentos anos atrás."

"Imagine, quatrocentos anos atrás e ela continua linda assim. Santo Deus, quantas o senhor tem iguais a esta?"

"Oitenta e nove. E estas", Owen disse, pegando outra pasta de desenhos, "são todas de um artista italiano chamado Leonardo da Vinci."

"Espera aí!" Marilyn exclamou. "Eu já ouvi falar nele." Com Marilyn, nunca se sabia o que esperar. "Não foi ele quem pintou o quadro daquela mulher de estranho sorriso? Você sabe, Colin, do quadro ao qual estou me referindo?"

"O da *Mona Lisa*."

"Sim, dela mesmo. Vocês o têm aqui também?"

"Por Deus, não", Owen respondeu, suspirando. "Esse ficou nos faltando. Mas chega de falar de artes. Não vou lhe aborrecer com meu hobby."

"Você não está me aborrecendo, senhor Owen", Marilyn sussurrou. "Adoro este lugar. Poderia passar horas aqui."

"Vamos agora ver a parte do palácio onde mora a rainha. Ela não está no momento, mas vai lamentar muito não tê-la encontrado."

"Verdade?" Marilyn perguntou totalmente surpresa.

"É claro que sim", Owen disse. "Outro dia mesmo, ela andou comentando comigo como deveria ser estar na pele da mulher mais famosa do mundo."

Nunca se sabia tampouco o que se podia esperar de Owen.

"Este salão aqui", ele prosseguiu "é o White Drawing Room." Muito bonito, não é mesmo? E este é um retrato do rei George III. Aquele que foi suficientemente estúpido para perder nossas colônias na América cem anos atrás. E esta aqui é sua esposa e estes são seus filhos."

"Oh, eles são lindos", Marilyn disse, sem a mínima noção quanto a se Owen a havia reconhecido ou não.

Nós tínhamos quase que correr para acompanhar o passo dele passando de uma câmara imensa a outra.

"E este é o Green Drawing Room. Uma vista maravilhosa do Parque de Windsor para ser contemplada pela janela, não é mesmo? Mas vocês já estiveram lá, não estiveram?"

Aquele porteiro provavelmente havia telefonado para ele e avisado de nossa chegada — como todos os cortesãos, Owen tinha uma rede de espiões.

"E este é o Crimson Drawing Room. É um pouco exagerado, na minha opinião." Nem mesmo Owen pode resistir a demonstrar seus conhecimentos. Não havia mais muitos monarcas vivos que pudessem impressionar, mas as estrelas de cinema de Hollywood foram a próxima melhor coisa.

Marilyn ficou perplexa. "O senhor está dizendo que Sua Majestade realmente vive aqui, nestes cômodos?!"

"Bem, ela tem seu próprio apartamento privado onde dorme, mas é aqui que ela passa a maior parte do tempo."

"Caramba!" Marilyn exclamou.

"Se isto tudo lhe parece um pouco excessivo", Owen disse num tom divertido, "vamos ver algo menor." Ele nos conduziu por um longo e largo corredor revestido de quadros e, depois, passando por uma pequena porta, descemos uma escada.

"E então, o que vocês acham disso?" Estávamos num compartimento totalmente de pedra e ocupado unicamente por uma enorme casa de bonecas mobiliada e decorada como uma mansão minúscula. Nela, havia tudo que se pudesse imaginar — camas, cadeiras, banheiras, pias, torneiras, abajures, tapetes, candelabros, recriados nos mínimos detalhes, e exatamente de acordo com a devida escala. Havia carros na garagem, cortadores de grama sobre o gramado, potes, panelas e comida na cozinha, e até mesmo uma pequena máquina de costura Singer sobre a mesa do quarto de serviços.

Marilyn ergueu as mãos e, maravilhada, caiu de joelhos. Ela me pareceu tão jovem e inocente que meu coração quase se derreteu. Owen tampouco tirou os olhos dela enquanto por quase um minuto ela irradiou pura alegria. Então, ela voltou a se erguer, endireitou os ombros e olhou diretamente para frente. "Quando pequena eu com certeza nunca tive uma casa de bonecas igual a esta. Porque a maioria das pessoas não tinha nem mesmo uma casa deste tamanho. Mas suponho que para uma rainha..."

"E agora tenho certeza de que vocês estão ansiosos por seguir seu próprio caminho", Owen disse. Uma das primeiras coisas que um cortesão aprende é impedir que os visitantes permaneçam por um tempo demasiadamente longo. "Mas vou dizer a Sua Majestade que vocês estiveram aqui. Eu acho que vocês podem encontrá-la no próximo mês." (Ela compareceria à estreia do filme *The Battle of the River Plate / A Batalha do Rio da Prata*.)

"Então o senhor sabe quem eu sou?" Marilyn perguntou.

"É claro que eu sei, minha querida. E estou muito lisonjeado pelo fato de o meu afilhado tê-la trazido para me ver. Você é tão linda pessoalmente quanto nas fotografias." Aquilo não correspondia totalmente à verdade naquele momento, eu pensei. Marilyn parecia uma criança abandonada. "Agora, tchau, até logo, não devo detê-los", ele disse, nos empurrando para fora de outro pequeno compartimento para a luz do sol.

"Caramba!" Marilyn disse. "Você tem um padrinho e tanto, Colin. Você acha que ele é assim também com a rainha?"

"Exatamente igual", eu disse. "É por isso que ela gosta dele."

Quando chegamos de volta ao portão principal, uma aglomeração havia se formado ali. Apesar dos protestos de Roger, os dois policiais haviam dito a seus amigos quem era a visitante e esses, por sua vez, haviam dito a seus amigos, e assim por diante. No início, achei que Marilyn fosse ficar nervosa, mas, na verdade, ela se mostrou empolgada. Ela devia ter se sentido um pouco triste por ter permanecido incógnita a seu público por tanto tempo.

"Devo ser *ela*"? Marilyn perguntou.

Sem esperar pela resposta, ela saltou para cima de um degrau e fez uma pose. Seus quadris se empinaram, seus ombros se estiraram para trás, seu famoso busto avançou para a frente. Ela ressaltou os lábios e abriu bem os olhos e eis que, de repente, ali estava a imagem que o mundo inteiro conheceu. Instintivamente, o público começou a aplaudir. Muitas pessoas estavam com câmeras e, por alguns minutos, Marilyn ofereceu a todas as poses que elas queriam. Considerando-se que ela estava praticamente sem nenhuma maquilagem e sem penteado no cabelo, aquela foi uma façanha incrível.

Mas eu me senti extremamente incomodado. O que eu estava fazendo com aquela estrela de Hollywood? Um momento antes eu apertava sua mão como se ela fosse minha namorada. Se não tomasse cuidado, eu acabaria me expondo ao ridículo. Eu jamais teria ousado tomar tais liberdades com Vivien Leigh — e eu a conhecia muito melhor do que conhecia Marilyn, a quem, na verdade, eu absolutamente não conhecia. Quando me dei conta, eu estava escapando para fora da aglomeração, com a sensação de ser um anão e desejando estar morto.

Enfim, Roger decidiu que aquela aglomeração estava crescendo demais e fez um sinal para os policiais. Eles empurraram os espectadores e abriram caminho para nós, apesar de as pessoas continuarem se empurrando freneticamente para conseguir dar mais uma espiada, como se alguma deusa tivesse descido do céu para o meio delas.

"Quem é você?" Um homem me desafiou quando eu tentava me enfiar no banco de trás do carro.

"Oh, não sou ninguém", eu respondi. "Apenas trabalho no filme com Miss Monroe."

"Você nunca deve dizer que não é ninguém", Marilyn disse muito seriamente depois de a porta ter sido fechada. "Você é *você*. De qualquer maneira, deveria ser eu a fazer esta pergunta. Quem você acha que eu sou? Marilyn Monroe?" E começou a dar risada. "Estou com fome, Colin? Onde vamos comer?"

Fomos a uma antiga casa de chá na Eton High Street chamada The Cockpit, toda feita de vigas pretas e lareiras, com seus cantinhos onde senhorinhas comiam bolinhos de aveia. Eu havia pensado em ir ao Old House Hotel, que oferecia uma excelente comida, mas com certeza alguém reconheceria Marilyn e eu não suportaria enfrentar tudo aquilo de novo. Eu havia acabado de ser lembrado da rapidez com que Marilyn podia atrair uma multidão. Suponho que eu estava me tornando possessivo — e a verdade era que eu preferia estar com Marilyn quando ela era apenas uma mulher frágil e não a grande estrela. Naquele momento, em que se empanturrava de sanduíches de ovos e agrião, seguidos de café em copo de plástico, ela parecia uma colegial. E meu coração voltou a se derreter por ela.

"O que vamos fazer depois de comer, Colin? Fazia séculos que não sentia tanta fome. Caramba, estes sanduíches são realmente muito bons. E também muito calóricos, suponho, mas que se dane. Eu me sinto como se tivesse sendo tratada com regalias. Você costumava vir aqui com seus pais? Agora posso imaginar exatamente como se sentia."

"Vamos dar uma olhada na minha antiga escola", eu disse. "Nunca mais estive nela desde que tinha dezoito anos."

"Quanto tempo, hein? Mas não esqueça da nadada que você prometeu."

"Nós não temos trajes para nadar", eu protestei, imaginando a multidão que se juntaria. (Haveria também uma grande confusão.)

"Oh, que lástima", Marilyn disse. "Você pode entrar na água de calças. Afinal, não é todos os dias que se tem a chance de nadar com Marilyn Monroe." Ela voltou a dar risada, fazendo com que as senhorinhas das mesas próximas nos lançassem olhares de reprovação.

"Roger", eu disse, "há uma loja de roupas do outro lado da rua. Você poderia ir lá comprar toalhas e um calção de banho para mim? Eu pago você quando chegarmos em casa."

"Se é que vamos chegar inteiros em casa", Roger murmurou. Com certeza, ele achou péssima aquela ideia de ir nadar, mas foi de qualquer maneira e voltou alguns minutos depois com um pacote embrulhado em papel marrom, que colocou de má vontade embaixo de seu assento.

"Isto é muito divertido", Marilyn disse. "Estou tão excitada. Vamos logo."

"Um pouco mais de cultura antes", eu disse. "Vai servir de aquecimento."

"Ooh", Marilyn exclamou.

Roger assumiu a direção e estacionou no pátio de minha antiga escola. Nós todos entramos nela.

"Tudo aqui parece muito antigo", Marilyn disse. "E um pouco empoeirado também, se me permitem dizer assim."

"Mas é antigo", eu disse. "Mais de quinhentos anos. Esta estátua é do fundador da escola, o rei Henrique VI. Quando nós alunos não nos esforçávamos o bastante, éramos açoitados com um feixe de varas. Chamava-se aquilo de levar uma surra e acontecia naquela sala lá. Baixavam as nossas calças e éramos açoitados até o sangue escorrer pelas pernas. De acordo com a lenda que se contava, se um garoto conseguisse escapar, subir as grades e tocar o pé da estátua antes de ser pego, ele recebia o perdão do rei e não era açoitado."

"Caramba. Acho que essa coisa de nobreza não tem nada de interessante. Você chegou a levar uma dessas surras, Colin?"

"Eu apanhava muito frequentemente com um bastão, Marilyn, mas nunca levei uma surra com o tal feixe de varas."

"Pobre Colin. Eu tive uma infância muito infeliz, mas nunca apanhei desse jeito. Vamos sair daqui antes que nos peguem e apostar uma corrida até o carro", e ela atravessou correndo o pátio quadrangular como se fosse uma gazela, comigo em seu encalço.

O dia tinha ficado quente e abafado. Roger havia deixado o carro na sombra, mas a temperatura na parte traseira do velho Wolsey havia chegado ao nível dos trópicos. Eu mostrei a Roger onde ele devia desviar da rua principal para chegarmos a uma distância razoável do rio. A pista estava mais esburacada do que eu conseguia lembrar e, para se proteger dos solavancos, Marilyn agarrou-se a mim, de maneira que quando o carro parou, nós estávamos totalmente molhados de suor e grudados um ao outro. Foi com enorme alívio que atravessamos correndo o gramado até a beira do rio e nos preparamos para mergulhar na água.

"Este é o único lugar em que podemos caminhar sobre a areia", eu disse. "Por isso, é o melhor lugar para mergulhar. Eu já nadei aqui muitas e muitas vezes, mesmo correndo o risco de apanhar. Mas tome cuidado, Marilyn. A água está gelada."

"É exatamente do que eu estou precisando!" Marilyn respondeu. "De um banho gelado. Mas por que será que não há mais ninguém aqui?"

"Todos os garotos foram passar as férias de verão em casa."

Eu levo um bom tempo para me despir (ou, no caso, para me vestir). Por alguma razão, eu sempre acho que tenho de estar elegante. Quando finalmente eu estava vestido com meu novo calção — Marilyn e eu havíamos nos escondido cada um atrás de uma moita para nos trocar — já havia ouvido o ruído de Marilyn saltando na água. Quando, enfim, apareci, sua sorridente cabeça loira se agitava sobre a superfície do Tâmisa. No momento em que eu saltei na água para me juntar a ela, ouvi-a cantando para si mesma e dando sonoras gargalhadas.

"Oh, estou tão feliz. Sinto realmente que isto está acontecendo comigo e não com outra pessoa." Ela olhou para mim, voltou a dar uma risada, olhou de novo para mim e então, de repente, ficou séria. "Colin," ela disse, "entrou alguma coisa em meu olho. Você pode me ajudar a tirá-la?"

Diligentemente, eu segui em sua direção através da água gelada, com as mãos elevadas acima da cabeça e o olhar fixo em seus enormes olhos. Marilyn estendeu os braços, enganchou-os por trás de minha cabeça e puxou-a para perto da sua e me deu um beijo de verdade na boca.

Eu levei cerca de um centésimo de segundo para entender o que estava acontecendo e, em seguida, mais um centésimo de segundo para perceber que Marilyn estava nua, pelo menos da cintura para cima. A sensação de seus lábios em minha boca e de seus seios pressionados contra o meu peito, somada com a sensação da água gelada, quase me fez desmaiar.

"Ufa! Que delícia!" Marilyn disse ofegando. "Essa foi a primeira vez que beijei alguém mais novo do que eu. Que tal a gente repetir?"

"Depois, querida." Eu estava em pânico. "E se passar um barco? Além disso, vamos acabar congelados. Você espera um instante aqui enquanto eu vou buscar as toalhas. Se você sair da água assim despida, alguém pode ver e vamos acabar presos."

"Bobagem", Marilyn disse, brincando comigo. "Roger se encarregará disso. Além do mais, Colin, não é nada que você já não tenha visto."

Era verdade que eu já a tinha visto nua uma vez, quando acidentalmente havia entrado em seu camarim sem me anunciar, mas isso não queria dizer que eu podia naquele momento desviar os olhos dela. Seu belo corpo simplesmente irradiava saúde e vitalidade e me fazia lembrar de uma daquelas jovens adoráveis sentadas sobre nuvens nos quadros pintados por Tiepolo. Fui até a margem, peguei uma das toalhas e com ela envolvi o máximo possível de seu corpo. Peguei então a outra toalha para com ela esconder a evidência demasiadamente óbvia da forte atração que eu estava sentindo.

"Oh, Colin", Marilyn disse com uma risadinha. "Você não nega que é um ex-aluno do Eton College." Ela lançou a cabeça para trás e soltou uma risada, porque era isso que ela havia dito quando antes eu havia ficado pasmo diante de sua atitude e ela sabia ter-me pego de surpresa. "Foi maravilhoso. Eu não estou acostumada a ser beijada, você sabe. Os homens de minha vida parecem não ter tempo para isso. Eles ou vêm diretamente pra cima de mim ou querem que eu vá diretamente pra cima deles."

Roger dormia profundamente embaixo de uma árvore quando voltamos para o carro; ele olhou para o estado desgrenhado de nossos cabelos e roupas molhadas com evidente desaprovação. "Eu diria que está na hora de voltarmos para casa."

"Suponho que sim", Marilyn concordou. De repente, ela parecia estar deprimida. Ela entrou no carro e se encolheu no banco de trás, como uma criança que sabe que será castigada.

A viagem de volta para a Parkside House levou vinte minutos. Eu segurava sua mão, mas ela não voltou a falar. Por alguma razão, eu estava me sentindo extremamente culpado, mas não tinha nada para dizer. Era hora de voltar a ser adulto.

Sem dúvida, quando chegamos, havia dois carros estacionados na entrada da casa e, quando entramos, encontramos dois homens à espera no *hall*. Um deles era Milton Greene. O outro era Irving Stein, o advogado de Marilyn.

"Olá, Irving. Olá, Milt", Marilyn saudou com doçura. "Roger pode levar você para casa agora, Colin. E se vocês" — voltando-se para seu advogado e seu coprodutor — "arrancarem um fio de cabelo de sua cabeça ou o dispensarem da filmagem deste filme, eu vou ficar extremamente irritada. Entenderam?"

"Sim, Marilyn", ambos regurgitaram.

"*Muito* irritada." E ela subiu as escadas e desapareceu no andar de cima.

"Talvez pudéssemos trocar uma palavrinha, senhor Clark, antes de você ir embora", disse Stein.

"Suponho que sim", eu disse com cuidado. Para mim, eles eram a própria representação do inimigo.

"Alguma vez o senhor já ouviu o termo legal 'incitação'? Como o senhor sabe, a senhora Monroe tem um contrato legal conosco. Qualquer um que a incite a não cumprir suas obrigações contratuais conosco pode ser considerado legalmente responsável. E nisso estão incluídos seus relacionamentos pessoais."

Milton parecia estar muito infeliz, como um dos Meninos Perdidos em *Peter Pan*, mas Stein assumia claramente o comando.

"Cada minuto que eu passei com Miss Monroe foi a convite dela", eu respondi. "E o mais importante é que nós sempre estivemos na presença do ex-chefe de polícia Roger Smith da Scotland Yard. Dificilmente, vocês poderiam ter como referência uma companhia mais confiável do que essa. Vejo você mais tarde, Milton. Vamos, Roger, achei que você fosse me dar uma carona. Não vou fazer você esperar mais tempo..." E fui embora.

Pedi a Roger que me deixasse no pub que fica perto da Runnymede House, onde jantei. Eu não estava em condições de explicar a ninguém o que havia acontecido. Era quase certo que Tony não entenderia.

Quando fui para a cama, não conseguia adormecer. A imagem de Marilyn parecia dançar em volta de minha cabeça — rindo, chorando, abanando, suspirando — duas vezes maior que o tamanho real. Lembrei do beijo, mas não da sensação que ele me causou. Eu estava imensamente feliz, mas ao mesmo tempo desesperadamente triste. Quando finalmente eu adormeci, sonhei que estava nadando num mar tempestuoso na direção de uma balsa de salvamento, que eu podia ver e até mesmo sentir, mas que nunca conseguia realmente alcançar.

❖ ❖ ❖

Laurence Olivier e Marilyn Monroe em um cena do filme O *Príncipe Encantado*. (© WARNER BROTHERS/Album Cinema/Latinstock)

Domingo, 16 de Setembro

"Muito bem. Quem foi, então, que andou se comportando como um garoto travesso?"

Na manhã seguinte, na Runnymede House, Anne Bushell estava curiosa por saber o que havia acontecido. "Tony quase teve um enfarte quando viu Marilyn na parte traseira do carro de Roger."

"Eu também."

"Oh, então você não sabia que ela estava ali? Então não foi um plano tramado com astúcia?"

"Se foi, eu não participei dele, isso eu posso garantir a você. Tudo não passou de um capricho súbito de Marilyn. Ela queria escapar daquela casa sufocante e de todas aquelas pessoas dizendo o que ela deve fazer. Ela pode ser extremamente divertida, você sabia?"

"Imagino que sim", Anne disse.

Eu ignorei a insinuação.

"O que exatamente vocês fizeram juntos?"

"Fomos ao Palácio de Windsor onde encontramos meu padrinho — ele é o Bibliotecário Real. Almoçamos numa casa de chá e depois visitamos o Eton College."

"Tudo isso parece muito agradável e culto, mas não explica porque você chegou em casa ontem à noite do jeito que chegou."

Eu havia ido diretamente para o meu quarto, mas Anne sempre nota tudo.

"Você pareceu como se tivesse estado nadando. Marilyn sabe nadar?"

"Bem... sim, sabe, na verdade, muito bem e como estava fazendo todo aquele calorão, nós fomos dar um mergulho num lugarzinho do rio que eu conhecia desde que era menino."

"Perfeitamente", disse Anne. "É melhor eu nem perguntar com que roupa vocês nadaram."

Eu fui temporariamente salvo dessa sequência de perguntas pelo toque do telefone no *hall*.

Conforme o previsto, era Milton Greene. "Olá, Colin, gostaria de saber se posso dar uma passada aí para conversarmos. Está tudo bem. Não se preocupe. Não vou implicar com você. Só acho que devíamos ter uma conversa — de homem para homem."

"Anne, tudo bem se Milton vir aqui?". Ela consentiu. "Ok, Milton", eu disse com voz fraca. "Pode vir, mas como Anne vai nos servir o almoço às 13h, você terá de ir embora antes disso."

"Leve-o para o jardim", Anne disse quando desliguei o telefone. "Pode ser que o ambiente campestre sirva para acalmá-lo."

Dez minutos depois, Milton estacionou seu carro.

"Vamos andar até a margem do rio", eu sugeri. Este lugar se chama Runnymede. Você sabe por que ele é famoso?"

"Não", Milton respondeu.

"Runnymede é a ilha do rio Tâmisa onde o rei João foi obrigado a assinar a Carta Magna no dia 15 de Junho de 1215. Qualquer garoto de escola sabe disso. Isso foi há 741 anos, Milton, e a Carta Magna continua sendo até hoje o fundamento da Constituição Britânica. Entre outras coisas, ela garantiu a cada cidadão o direito de ser julgado com justiça. Os aristocratas tiveram que tomar Londres para que o rei se dispusesse a assiná-la. Eu só estou mencionando isso porque quero colocar meu passeio com Marilyn em perspectiva."

"Qual é, Colin? Eu não estou com raiva de você. De maneira alguma. Eu só vim aqui para te dar um conselho. Estou inteiramente do seu lado. Só não quero que você acabe se ferindo, isso é tudo."

Oh, com certeza, eu pensei. Só que você não estaria nem aí se eu despencasse de um rochedo e saísse com todas as costelas quebradas.

"Quanta gentileza de sua parte, Milton."

"Você sabe, eu conheço Marilyn há muitíssimo tempo — acho que há uns sete anos — e eu sei de onde ela vem. Exatamente como você, eu também me apaixonei por ela. Ela estava vivendo com um daqueles importantes agentes de Hollywood chamado Johnny Hyde e eu trabalhava como fotógrafo da revista *Life*; nós tivemos um romance de dez dias. Esse é o problema com Marilyn e eu não tenho como dizer isso a você, Colin, de forma delicada. Marilyn tem um romance com qualquer um que caia em suas graças. Eu sei que você a coloca num pedestal. Todos nós fazemos isso. Mas é um erro se apaixonar por ela. Ela irá apenas partir seu coração. Obviamente que vocês passaram horas maravilhosas juntos. Deixe as coisas ficarem por aí. Caia fora antes de se queimar."

"Acabou, Milton?"

"Ei, não fique com raiva. Sinto muito ter que lhe dizer isso, mas é para seu próprio bem."

"Em primeiro lugar", eu disse, "Marilyn pode ter o que você chama de 'romance' com qualquer lunático, mas não está tendo nenhum romance comigo. É possível passar o dia juntos e se divertir muito sem que haja um romance, você sabia?"

Milton pareceu duvidar. "Ela disse que você a beijou."

"Em segundo lugar, eu não me apaixonei por Marilyn. Eu não sei como é em Hollywood, mas na Inglaterra nós demoramos um pouco mais do que um dia para nos apaixonar. E em terceiro lugar, eu não coloquei Marilyn num pedestal, nem em nenhum outro lugar. Para mim, ela é apenas uma mulher bonita, divertida e bastante tristonha, cuja companhia me agrada enormemente. É claro que também sei que ela é a estrela de cinema mais famosa do mundo. Tampouco esqueci que ela está em lua de mel e que seu marido é um escritor famoso. Mas ela está sob enorme pressão. Ela está tentando ter uma atuação brilhante num filme extremamente difícil. Seu coadjuvante tem sido horrível para ela. Ela não sabe em quem confiar."

Milton franziu o cenho.

"Agora seu marido viajou por dez dias, por que motivo eu nem imagino. Portanto, ela certamente merece um dia de folga e se ela escolheu passá-lo comigo, eu só posso me considerar um sujeito incrivelmente sortudo e, com certeza, jamais recusaria tal convite."

"Ela disse alguma coisa a meu respeito? Ou da filmagem?"

"Nada. Nenhuma palavra. Ela não disse nenhuma palavra de queixa durante todo o dia. Nós fizemos uma visita a meu padrinho..."

"Pois é, eu ouvi dizer. Caramba, eu com certeza gostaria de ver todos aqueles quadros. Aqueles desenhos de Holbein são provavelmente os melhores retratos do mundo. Eu sou um fotógrafo de retratos, não esqueça."

"Talvez nós possamos ir lá um dia. Então, Marilyn e eu fomos almoçar — sempre com Roger a nosso lado — e depois fomos ver a minha antiga escola. Marilyn estava mais interessada em cultura do que em romance."

"E então vocês foram nadar. Ela disse que vocês foram nadar e que se beijaram dentro d'água."

Pobre Marilyn, eu pense. É como uma menininha. Por que ela tem de contar tudo para Milton, como se ele fosse seu pai? *"Papai, papaizinho, eu beijei Colin."* É uma tentativa de rebelião, eu suponho.

"Bem, ela está em casa agora", eu disse, "sã e salva. Talvez um pouco de ar fresco e exercício tenha lhe feito bem. Eu espero que Sir Laurence entenda que trabalhamos muito para ele durante todo o final de semana. Nós temos ainda um filme para fazer."

"Como Marilyn havia esquecido o compromisso de repassar seu texto com Paula Strasberg esta tarde, elas estão fazendo isso agora. Paula disse que Marilyn estava muito nervosa e pediu para tomar alguns comprimidos."

"Comprimidos? Por que cargas d'água ela precisa de comprimidos?"

"Colin, você não entende."

"Eu entendo muito bem. Ela tem pânico — de Paula e de você, como também de Olivier. Vocês todos deviam trabalhar com ela, não contra ela. E eu acho que Marilyn ficou dependente desses comprimidos. Ela não pode nunca ser ela mesma e nenhum de vocês quer que ela seja ela mesma. Vocês querem que ela seja 'Marilyn Monroe, o símbolo sexual de Hollywood', porque é ali que o dinheiro está. Imagine só como deve ser difícil para ela. Mesmo no filme, ela não pode ser 'Elsie Marina, a corista' — ela tem que ser 'Marilyn Monroe, o símbolo sexual de Hollywood, desempenhando o papel de Elsie Marina, a corista'. É por isso que ela tem tanta dificuldade com seu papel e não consegue lembrar o texto. Por trás de tudo isso, ela é apenas uma criança solitária, que merece ser feliz, como qualquer outra criança. Mas vocês a esticam até o ponto de pifar. E um dia ela vai pifar e onde é que vocês estarão? Muito longe, eu suponho, e brincando com a vida de outra pessoa."

"Ei, Colin, você fala como quem está apaixonado por ela!"

Eu só consegui soltar um suspiro.

Para ser justo com Milton, ele pareceu genuinamente irritado comigo por eu atacar seus motivos. Ele ficou andando de um lado para outro daquela linda ilha do Tâmisa exatamente como o rei João deve ter andado setecentos anos antes, enquanto me contava toda a história de sua relação com Marilyn. Depois de um caso de pouca duração, eles haviam se tornado amigos. Marilyn era uma vítima do antigo sistema que regia os estúdios, de acordo com o qual os atores ficavam presos a contratos de longo prazo dos quais não conseguiam nunca escapar, por mais famosos que ficassem. Os estúdios ditavam os papéis que eles podiam desempenhar, tirando sem dó nem piedade proveito de sua fama. Os estúdios arrancavam cada dólar possível de seus filmes, enquanto continuavam pagando a cada estrela o mísero salário que constava no contrato original que ela havia assinado. Milton havia aconselhado Marilyn a se rebelar. Por meio de uma manipulação inteligente, e com a ajuda de seu amigo advogado, Irving Stein, Milton havia possibilitado que Marilyn se livrasse de seu contrato com a Twentieth Century-Fox, com a garantia de que quando ela o renovasse — nem mesmo Marilyn, pelo visto, pode trabalhar sem um contrato — seria em termos muito mais favoráveis. A partir dali, Marilyn passou a poder decidir quais filmes ela faria ou não faria e até mesmo fazer um filme totalmente por conta própria.

O Príncipe Encantado era o primeiro filme feito pela [empresa] Marilyn Monroe Productions, da qual Milton era sócio igualitário.

"Bem, não totalmente igualitário, Colin", Milton admitiu. "Cinquenta e um por cento dela e quarenta e nove por cento meus. Mas ora, quarenta e nove por cento de Marilyn Monroe não é nada mau, não é mesmo?"

"Eu gostaria de um por cento", eu disse.

Milton deu uma risadinha de pesar.

"É difícil obrigar Marilyn a fazer alguma coisa. É como ter quarenta e nove por cento de um sonho. Não significa muita coisa. Eu acho que você tem um por cento dela neste exato momento, Colin, o que provavelmente vale mais do que meus quarenta e nove por cento. A questão é, por quanto tempo?"

De repente, Milton sentou sobre a grama e colocou a cabeça entre as mãos. "Eu não sei se posso continuar por muito mais tempo, mas não tenho escolha. Absolutamente cada centavo que consegui ganhar está investido em Marilyn e ela simplesmente não entende o que isso significa. Eu venho pagando todos os gastos para seu sustento já por mais de um ano — seu apartamento, seus empregados, suas compras e seus médicos — o que, junto, somam milhares de dólares. A Twentieth Century-Fox não vai liberar nenhum dólar enquanto ela não voltar a trabalhar para eles e, portanto, eu vou ter que pagar. Não me entenda mal. Marilyn não exige um monte de dinheiro; ela simplesmente não pensa no assunto. Na realidade, ela não está interessada em dinheiro. Está interessada apenas em sua carreira. Mas ela adora ser generosa e isso pode ter um alto preço. E Arthur precisa de dinheiro e Lee Strasberg precisa de dinheiro e ambos tratam Marilyn como se fosse um banco. Bem, a Warner Brothers pagou por este filme, mas quando eu começo a retirar parte do que investi, Marilyn acha que eu estou roubando-a. Tenho certeza de que é Arthur quem está colocando isso na cabeça dela. Definitivamente, ele não está do meu lado, Colin. Ele cuida apenas de seus interesses. Mas Marilyn o idolatra, você sabe."

"Eu, com certeza, não o idolatro", eu disse. "Acho que ele é um cara demasiadamente presunçoso. E tampouco acho que ele a ama tanto quanto ela acredita. Pelo menos, não da maneira que ela merece ser amada."

"Você tem razão. Ele é uma maldita prima-dona mais importante do que ela. E agora, ele deu de se mostrar terrivelmente surpreso. Ele já devia estar sabendo como seria viver com Marilyn. Quando ele a conheceu, ela era amante de Elia Kazan e extremamente promíscua. Depois, ele a viu na filmagem de *Nunca Fui Santa* com Josh Logan. Ela ligava para ele e ficava horas a fio no telefone. Eu acho que ele simplesmente gostava da imagem de si mesmo enquanto o homem que havia atraído a mulher mais famosa do mundo. Isso o tornava tão famoso quanto ela. Ele quer controlá-la e isso o leva a tentar colocá-la contra mim. E agora, ele viajou para Paris, e de lá vai para Nova York, como se estivesse farto de Marilyn depois de apenas quatro semanas. Eu preferiria que Marilyn fugisse com você, pode acreditar."

"Eu também. Mas isso não vai acontecer, Milton, eu posso garantir. Portanto, relaxe."

"Paula também está atrás do dinheiro de Marilyn. Bem, não Paula propriamente, mas Lee. Paula é uma mulher muito instável — o que é uma pena, porque Marilyn depende dela para sua estabilidade. Paula é uma atriz frustrada. Ela não tem absolutamente nenhuma confiança em si mesma. Ela coloca todas as suas esperanças e temores em Marilyn — como uma típica mãe judia, eu suponho. Isso aumenta a insegurança de Marilyn e Lee tira proveito disso. Lee quer ser um grande empresário e Marilyn é seu passaporte para a fama que ele se acha merecedor. Ele cobra uma fortuna pela permanência de Paula aqui. Mais do que ganha qualquer outro. Muito mais do que eu. Por que todo mundo da indústria de cinema é alguém frustrado em uma ou outra coisa e se acha merecedor de milhares de dólares por semana?"

"Não acho que Olivier seja frustrado", eu disse. "A não ser, talvez, na cama. E tampouco acho que ele tenha tanto interesse em dinheiro."

"Não, Olivier é basicamente um dos bons sujeitos. Ele simplesmente perdeu o controle. Não faz nenhuma ideia do que passa pela cabeça de Marilyn. Ele a trata como uma loira burra, apesar de poder ver nos jornais que ela é muito esperta — mais do que ele, eu diria. Olivier é um ator à moda antiga com grande reputação. Marilyn achava que atuando com ele, ela seria finalmente levada a sério. É por isso que ela quis comprar os direitos de *O Príncipe Encantado* — para poder cativar Olivier com um roteiro que ela sabia de seu agrado. Afinal, ele o havia desempenhado no palco, com sua mulher. Imagine a insignificante Marilyn roubando o papel da grande Vivien Leigh, e quem sabe também seduzindo Laurence Olivier. Eu devo admitir ter achado que ela estava louca, mas ela seguiu em frente — ou quase."

"Pobre Marilyn. Ela deve estar decepcionada. Não conseguiu seduzir Olivier e, por isso, ficou comigo."

"Você está fazendo-a feliz neste momento, Colin. Mas, como eu disse, por quanto tempo? Ninguém faz Marilyn feliz por muito tempo, essa é a verdade."

Às 13h, Tony foi me dizer que o almoço estava pronto e Milton foi embora. Tony estava de mau humor e passamos a refeição inteira muito pouco à vontade. Eu estava triste por ter desobedecido a suas ordens, especialmente por ser hóspede em sua casa, mas não estava arrependido. Vendo-o em retrospecto, aquele sábado fora o dia mais feliz de minha vida.

❖ ❖ ❖

Laurence Olivier no papel de Charles, príncipe regente da Carpátia, e Marilyn Monroe no papel de Elsie Marina, uma corista americana, em uma cena do filme O *Príncipe Encantado*.
(© WARNER BROTHERS/Album Cinema/Latinstock)

Segunda-feira, 17 de Setembro

DE VOLTA AO ESTÚDIO NA MANHÃ de segunda-feira, a situação estava ainda mais deprimente do que costumava ser. Marilyn não deu as caras e quando telefonei para sua casa, como de costume às 9h, Roger não pôde me dizer nada. Ela continuava na cama. Ele não sabia por quê. Eu tinha certeza de que ela havia tomado pílulas em excesso. Milton e Paula estavam recuperando o controle. Eles prefeririam um belo cadáver a um espírito independente, eu disse a mim mesmo, rangendo os dentes; mas não havia absolutamente nada que eu pudesse fazer. Eu havia oferecido meus préstimos, mas fora rejeitado.

Milton apareceu no estúdio às 11h e foi diretamente falar com Olivier. Sua aparência era de seriedade e cansaço e não acho que eles tenham chegado a alguma conclusão. Eu estava convencido de que a equipe toda me considerava alguém que viera do nada, alguém que tivera a audácia de voar alto demais e que havia acabado com as asas queimadas. Mas eu não conseguia parar de pensar no que podia estar acontecendo na Parkside House. Marilyn com certeza estava terrivelmente confusa e, muito provavelmente, desesperadamente infeliz. Eu sabia que ela gostava de trabalhar, se podia. Ela queria concluir o filme. O que ela poderia fazer a tarde toda? Aquela casa era como uma prisão ou como um hospício. Eu não devia tê-la deixado voltar para lá. Na hora do almoço, eu estava bem preocupado. "Colin está realmente preocupado!"

Dicky Wattis parecia sempre saber exatamente o que eu estava pensando. Ele era velho — pelo menos é o que me aparentava na época, mas ele tinha quarenta e três anos —, magro e extremamente perspicaz. "Francamente, meu caro, eu não daria a mínima importância se Marilyn caísse morta", ele disse com desdém. "Ela está causando muitos problemas a todos nós atores, nos fazendo esperar horas a fio vestindo estas roupas abafadas." Dicky tinha que usar um uniforme com fitas douradas até o pescoço. As únicas coisas que pareciam lhe agradar eram as meias de seda acompanhadas das sapatilhas de couro envernizado. "Se o filme não for concluído, a companhia de seguros nos pagará e podemos ir todos para casa."

"Ela está tentando dar o melhor de si, Dicky", eu argumentei. Era perigoso demonstrar qualquer apoio a Marilyn naquele local, mas eu não pude resistir. Graças a Deus, parece que ninguém havia tomado conhecimento de nossa excursão no sábado anterior. Olivier deve ter jurado a Tony guardar segredo, porque ele estivera literalmente a ponto de não conter o desejo de revelá-lo a alguém na noite anterior.

"O problema está em ter todas aquelas pessoas ao redor", eu prossegui. "Roger me disse que ontem ela estava bem. Eles a deixam em pânico e, por isso, ela acha que precisa daqueles remédios."

"Ela é Marilyn Monroe, meu caro", Dicky disse. "A vida é dela. Pílulas, bebidas, sexo, publicidade. Que maneira de viver. Quem dera que eu pudesse viver assim."

"Oh, Dicky. Como é que você pode dizer isto? Ela está realmente muito confusa. É como o roteiro deste filme. Ela não tem amor suficiente em sua vida."

"Tampouco eu tenho, meu caro", disse Dicky, dando risada. "Tampouco todos nós temos. Não se preocupe, Colin. Marilyn irá sobreviver. Ela é mais forte do que você pensa."

Mas a vida no estúdio, que normalmente me causava excitação e me fazia sentir importante, parecia agora insuportavelmente aborrecida. Eu mal conseguia esperar que o dia acabasse. Às 17h, liguei novamente para Roger, mas ele deixou bem claro que eu não tinha permissão para ir até a Parkside House naquela noite.

"Lamento, mas nada feito. Ninguém tem permissão para visitá-la. Ela entrou em hibernação. Maria deixou duas bandejas de comida do lado de fora de seu quarto, mas ela nem as tocou. Milton e Paula tiveram ambos longas conversas com o buraco de sua fechadura, mas a porta continua trancada. Sim, com certeza, ela continua lá dentro. Eu mesmo estive lá para verificar e acho que ouvi seus roncos."

"Estou ficando preocupado, Roger. Você disse que ela estava tão bem ontem. Talvez ela esteja doente. Pode até estar morrendo lá dentro. Não seria o caso de chamar um médico?"

"Não é da minha conta, Colin. Milton acha que ela está bem. É evidente que ela já fez isso outras vezes e ela não gosta de ver a porta de seu quarto sendo arrombada por uma brigada de incêndio. Milton disse para deixá-la dormir e é o que eu estou fazendo."

"Mas Roger..."

"Não enche, Colin. À noite eu vou subir lá de novo para verificar, eu prometo."

Olivier estava mal-humorado quando fui ao seu camarim após a interrupção da filmagem.

"Ela é a prostitutazinha mais estúpida e comodista que eu já vi. Que raio de papel ela está desempenhando agora? Tony disse que você levou-a para passear no sábado. O que aconteceu de errado? Por que ela não pôde vir trabalhar? Não quero saber nenhum detalhe. Não quero nem saber se vocês passaram a tarde toda fazendo amor. Só quero saber uma coisa: você pode fazê-la vir ao estúdio amanhã de manhã? Ela vai ou não terminar este filme?"

"Marilyn e eu passamos um dia maravilhoso e totalmente inocente na natureza", eu disse. "Mas assim que voltamos, Paula se apossou dela e aterrorizou-a e Marilyn acabou tomando aquelas malditas pílulas. Foi a maneira de ela recuperar o controle. Pelo visto, Milton e Paula acharam que eu sou uma ameaça ao poder de influência deles. Agora eles não vão mais deixar que eu me aproxime ou fale com ela. Eu duvido que ela venha amanhã, mas posso lhe garantir uma coisa: ela está determinada a concluir o filme. Ela me disse isso muito seriamente. Na verdade, essa foi a única coisa que ela disse sobre seu trabalho o dia todo. Afora isso, ela simplesmente decidiu dar uma escapada..."

"Com você", Olivier disse com irritação.

"... e aconteceu de eu estar por perto para ela me levar consigo."

"Bem, se acontecer de você 'estar por perto' de novo, tente persuadi-la a vir trabalhar. Ela quer ser vista como uma atriz profissional. Ela nunca vai ser, é claro, mas vir ao estúdio é pelo menos um começo."

O jantar com Tony e Anne naquela noite foi ainda mais lúgubre do que costumava ser. Olivier havia certamente dito a Tony para não se enfurecer comigo, mas tenho certeza de que ele achava que eu o havia desapontado. O problema era que, como de costume, Tony não estava entendendo o que estava acontecendo.

Quando subi para o andar de cima, Roger ainda não tinha telefonado e eu não ousei usar o telefone do hall para chamá-lo, diante de Tony me fuzilando com o olhar e de Anne com os ouvidos em alerta para cada palavra que eu dissesse. Devo ter acabado caindo no sono, porque quando ouvi o rangido de pneus no cascalho fora da casa, no meu relógio, era uma e meia da madrugada. Então, ouvi a voz de Milton chamando do jardim.

"Colin!" Ele estava parado na grama balançando uma tocha. "Colin!"

Eu abri a janela procurando não fazer barulho. Tony tinha um sono pesado, mas Anne não.

"Qual é o problema?"

"É com Marilyn."

A vida parece ser mais dramática no meio da noite.

"Ela morreu?"

"Não, pelo amor de Deus, mas não está nada bem. Ela disse que queria ver você imediatamente. Vista-se e venha comigo. Ela pode estar em coma."

Aquilo parecia contraditório de alguma maneira.

"O que eu posso fazer?"

"Não sei," Milton respondeu, "mas vale a pena tentar. Senão vou ter que chamar um médico. Vamos, depressa!"

Um médico! Aquilo não parecia nada bom. Vesti às pressas um par de calças e um blusão e desci correndo até o *hall*. Eu não ousei acender nenhuma luz e, em minha pressa, provoquei alguns acidentes quase fatais na escada de madeira escorregadia. O que Tony diria se me visse eu nem ousei imaginar. Lá fora, Milton estava dentro do carro com as luzes apagadas.

"Entre logo", ele disse. "Não temos tempo a perder".

"Não precisa temer. Eu não estou a fim de ficar de novo sem ter como sair daquela casa", eu disse. "Sigo você no meu próprio carro."

Quando chegamos lá, nos deparamos com uma agitação de pessoas em roupas de dormir e cobertores, que me recordavam os ataques aéreos da época da guerra. Paula cacarejava como uma galinha, Hedda arregalava os olhos e Roger estava com uma cara muito séria.

"Acho que devíamos arrombar a porta", Roger disse, demonstrando claramente estar com receio do pior.

"Ainda não, ainda não", disse Milton com rabugice. Uma porta nova iria custar muito caro e entrar à força em seu quarto poderia deixar Marilyn ainda mais contrariada. Pairando na obscuridade, eu podia ver Maria. Ela vai dar a informação amanhã de manhã, eu pensei, especialmente se arrombarmos a porta.

"É para Colin subir imediatamente até seu quarto", Paula disse. "Afinal, ela pediu para vê-lo."

"Isso foi uma hora atrás", Roger disse com azedume, "e depois disso, não ouvimos mais nada."

"Provavelmente, ela está em sono profundo", eu disse, "e duvido muito que ela queira ser acordada por mim. Mas se essa é a única maneira de fazer com que vocês todos voltem para a cama, acho que devo tentar."

Nós nos atropelamos até o alto das escadas e no mesmo corredor no qual da outra vez eu havia encontrado Marilyn sentada no chão — há quanto tempo! pensei — e dali até a porta de seu quarto.

Toc. Toc. Toc.

"Marilyn? Sou eu. Você está acordada?

Silêncio.

Toc. Toc. Toc.

"Marilyn. Acorda!" O problema era que eu não via nenhuma razão para ela acordar. "É Colin. Vim ver se você está bem."

Silêncio.

"Acho que deveríamos arrombar a porta." Pobre Roger, parecia fora de si. Ele esperava que aquele fosse "um caso de polícia", para ele poder entrar em ação.

"São duas horas da manhã", eu disse. "Não é hora de ela normalmente estar dormindo?"

"Ela dormiu o dia inteiro", Paula disse.

O que todo mundo estava pensando, mas ninguém se atrevia a dizer, era a possibilidade de Marilyn ter ingerido pílulas em excesso.

"Vamos voltar para o *hall*", eu disse. "Por favor, esperem todos lá até eu dizer o contrário. Roger, venha comigo e traga uma tocha."

Estavam todos tão cansados a essa altura que fizeram o que eu mandei.

"Eu vi que lá na garagem tem uma escada bem alta, Roger", eu disse. "Como a noite está bastante quente, a janela do quarto está provavelmente aberta. Vou subir para dar uma olhada antes de tomarmos alguma medida mais drástica."

Encontramos a escada e Roger apontou para a janela do quarto de Marilyn. Ela estava semiaberta, como eu havia suposto.

"Assim que eu tiver entrado no quarto, você retira a escada — não quero que Marilyn saiba como foi que eu entrei. Ela deve achar que a porta não estava bem fechada ou então eu perco meu emprego. Do jeito que as coisas estão, eu estou correndo um enorme risco simplesmente para acalmar todas aquelas velhinhas." (Ele parece não ter percebido que estava incluído no grupo.) "Depois você vai até a porta do quarto de Marilyn — sozinho, por favor — e espera, em silêncio, que eu a abra por dentro. Os outros devem ficar esperando no *hall*. Eu não vou deixar toda aquela gente invadir seu quarto e perturbá-la. Especialmente Milton. Ele pode dar a ela outro comprimido."

Roger ficou segurando a escada enquanto eu subia. Afastei com cuidado a janela de correr e saltei para dentro do quarto. "Vá embora!" eu sussurrei para ele quando já estava em segurança dentro do quarto e fechei a janela atrás de mim.

Como todas as grandes beldades, a senhora Moore, a proprietária da casa, havia mandado colocar cortinas escuras com uma polegada de espessura para deixar o quarto em total escuridão. Demorei um bom tempo tateando para encontrar o cordão certo para permitir a entrada de um raio de luar. Meus olhos levaram um minuto para se acostumarem o suficiente com a escuridão para eu vislumbrar a silhueta da enorme cama de casal colocada contra a parede. Eu pude também ver três portas, apesar de qual delas dava para Roger e qual dava para o banheiro ou *closet*, eu não conseguia lembrar.

"Marilyn", eu sussurrei. "É Colin." Eu não queria que ela acordasse achando que estava sendo raptada por algum fã maluco (ou, neste caso, por mim).

"Marilyn, sou eu. Acorde." Aproximei-me da cama, tropecei em algo e me deixei afundar numa ponta do colchão.

Pude então perceber que ela respirava regularmente, o que foi um enorme alívio, e pude também sentir aquela fragrância úmida maravilhosa que as belas damas exalam quando dormem. Estendi uma mão e passei-a na cama. Com certeza, da última vez, ela tocou sua pele. Marilyn parecia estar deitada de bruços atravessada na cama.

"Mmm..." eu ouvi.

"Sinto muito", eu disse. "É Colin. Só queria ter a certeza de que você está bem."

"Oi, Colin. Eu achei que você viria. Aproxime-se."

"Marilyn, todos da casa estão muito preocupados. Você não atendeu à porta e eles acharam que você pudesse estar passando mal."

"Oh, que droga", Marilyn disse com uma risada sonolenta. "Podem entrar."

"Espere", eu disse.

Eu levantei e fui até a porta número um. Ela estava destrancada, portanto não era ela. A porta seguinte também estava. A terceira estava bem trancada, mas a chave não estava na fechadura. "Roger", eu sussurrei através do buraco da fechadura. "Você está aí?"

"O que está acontecendo? Miss Monroe está bem? Por que você não abre a porta?"

"Não consigo encontrar a chave. Marilyn está bem. Está apenas dormindo."

"Como é que você sabe? Talvez ela tenha perdido a consciência. Acenda a luz. É melhor você me deixar entrar."

Você deve estar brincando.

"Não tenho a chave", eu voltei a dizer. "Marilyn acordou por tempo suficiente para dizer 'olá'. Ela está perfeitamente bem. Mande todo mundo ir dormir e que a deixem em paz. Que só apareçam quando ela chamar. Eu vou ficar aqui até amanhecer. Posso dormir no sofá. Marilyn me pediu para ficar e é o que eu vou fazer. Não vou deixá-la à mercê daquela gente toda que está lá no *hall*. Agora, vá, Roger. Nos vemos no café da manhã."

Roger rosnou. Afinal, a função dele era proteger Marilyn.

"Vá logo, Roger, e tenha uma boa noite!"

Quando voltei a me aproximar da cama, Marilyn estava de novo inconsciente e, dessa vez, meu toque suave não conseguiu acordá-la. Sentei-me na cama e, de repente, senti um enorme cansaço. Que raios eu estava fazendo ali? Com certeza, eu não podia me aproveitar de uma Marilyn Monroe adormecida; mas a metade daquela cama imensa estava vazia e minhas pálpebras estavam se fechando. Se eu tirasse uma soneca, talvez eu conseguisse vislumbrar uma solução melhor. Lentamente e com cuidado, eu me reclinei sobre os lençóis de cetim e me entreguei totalmente ao sono.

"Oh, Colin! O que você está fazendo aqui?"

Eu acordei devagar, para me descobrir deitado com a cara enfiada numa colcha de edredom muito macia e cheirosa que me era desconhecida. "O que estou fazendo aqui?" Girei a cabeça fitando ao redor. Marilyn estava curvada na outra extremidade da cama, enrolada na mesma coberta de quando a encontrei no corredor e iluminada por um pequeno abajur sobre a mesinha de cabeceira a seu lado.

"Colin? Estamos no meio da noite, não é mesmo? Como é que você entrou aqui? Acho que tranquei a porta."

Ela não parecia assustada, mas um pouco fora de si e acho que eu também.

"Oh, Miss Monroe", eu disse (olhar de desaprovação de Marilyn). Eu me revirei embaixo da colcha, me esforçando para sentar no que era um colchão perigosamente macio. "Oh, Marilyn, sinto muito incomodá-la. Mas é que Milton, Paula e Roger estavam preocupados e achando que você pudesse estar passando mal. Você não respondia aos chamados deles." Eu não podia dizer que eles haviam pensado que ela pudesse ter tomado pílulas em excesso. "E eles disseram que você chamou por mim..."

"Eu imagino que devia estar sonhando", Marilyn disse com recato.

"Por isso, eles me chamaram para ajudar e eu entrei pela janela", eu disse com pouca convicção.

"Pela janela?" Marilyn se mostrou perplexa. "Pela janela? Mas ela tem sacada? Ei, como na peça de Shakespeare, não é mesmo? Como se chama mesmo a peça? *Romeu e Julieta*. Que romântico! Mas eu não estou doente. O que fez eles acharem isso?"

"Eu não faço a mínima ideia, Marilyn. Se quer saber, eu acho que eles se preocupam demais com você. Para mim, você parece estar sempre bem."

Marilyn deu um pequeno sorriso e fechou lentamente os olhos, como se estivesse à espera de alguma coisa.

"É hora de eu ir embora", eu pensei, mas então me vi diante de outro problema. A única porta para o mundo exterior estava bem trancada. Eu não podia simplesmente escapulir e achei que não seria educado começar a revirar tudo à procura da chave, como se estivesse tentando escapar. Por que raios eu havia me metido numa situação tão enrascada? Eu estava trancado no quarto da mulher mais linda do mundo e não havia nada que eu pudesse fazer. Amaldiçoei a minha estupidez por me deixar enganar por todas aquelas pessoas apavoradas do mundo do cinema. Mas Marilyn não estava dormindo.

"Eu estou ótima, Colin, especialmente quando estou com você. De qualquer forma, vou a bastante médicos." A voz dela era sonhadora, quase como se estivesse falando para si mesma. "Na maioria das vezes, em algum tipo de psicanalista. Eles vivem querendo que eu explore meu passado."

"Seu passado, Marilyn? Você teve uma infância muito difícil?"

Marilyn voltou o olhar para o teto, mas seus enormes olhos pareceram incapazes de focar algo.

"Não foi terrível, Colin. Ninguém bateu em mim como fizeram com você. Simplesmente parece que não havia ninguém por perto a maior parte do tempo. Você entende o que estou querendo dizer?"

"Eu não acredito nessa de ficar tempo demais explorando o passado, Marilyn."

A cama parecia larga demais para uma conversa tão íntima. Inclinei-me em sua direção e cheguei perigosamente perto de dar uma cambalhota. "Eu prefiro explorar o futuro. O que vai acontecer a seguir? É isto que importa, você não acha?"

"Você quer dizer entre nós?"

"Oh, não, Marilyn", eu recuei rapidamente. "Eu não quis dizer... eu me referi...ao... futuro."

Fez-se uma outra pausa prolongada.

Dessa vez foi Marilyn quem se inclinou na minha direção. "Você me ama, Colin?"

Como é que mulheres lindas podem me tirar completamente do sério justamente quando eu acho que estou calmo, ponderado e totalmente no controle? Toda vez que Marilyn me olhava diretamente nos olhos, parecia que eu perdia o senso de realidade. Eu estava com certeza à mercê de uma emoção muito poderosa, mas seria amor? E que tipo de amor? Amor paixão? Amor sexo? Amor romance? Amor casamento? Não sei em que língua estávamos falando.

"Sim, eu amo você, Marilyn", eu disse desesperadamente, "mas amo você da mesma maneira que amo o vento, as ondas ou a terra sob meus pés ou o sol que surge por detrás de uma nuvem. Não sei como amá-la enquanto uma pessoa. Se eu amasse você enquanto pessoa, ia querer possuí-la. Mas isso seria impossível. Eu jamais poderia sonhar em possuir você. Talvez nenhum homem possa, nem mesmo devesse tentar. Você é como uma maravilhosa força da natureza, Marilyn, para sempre fora de nosso alcance."

"Mas, Colin, eu não quero ser inatingível. Eu quero ser tocada. Quero ser abraçada. Quero me sentir envolvida por braços fortes. Quero ser amada como uma garota comum, numa cama comum. O que há de errado nisso?"

"Não há nada de errado, Marilyn. Só que as coisas não são assim. Você é uma deusa para milhões e milhões de pessoas. Como uma antiga deusa grega, você pode descer à terra de vez em quando, mas continua para sempre fora do alcance dos homens humanos."

"Eu não sou grega", Marilyn disse, claramente confusa.

"Não se preocupe. Ser uma deusa é algo magnífico, maravilhoso. Quer dizer que você é um dos seres mais especiais do todo o mundo e, independente do que dizem todos aqueles odiosos professores e psicanalistas, você conquistou isso tudo por si mesma. Você deveria se sentir muito orgulhosa."

Marilyn soltou um suspiro.

"Toda uma equipe de filmagem depende do menor capricho seu. Grandes atores e atrizes estão à espera de sua deixa. Milhares de fãs no mundo inteiro riem quando você ri e choram quando você chora. É claro que isso é uma grande responsabilidade. É claro que você sente uma pressão enorme. Todas as deusas estão sujeitas a isso. Mas não há nada que você possa fazer para mudar o que você é."

Marilyn deu uma risadinha e foi se achegando através da cama.

"Às vezes, me sinto como uma criança pequena perdida no meio de uma tempestade. Onde posso me esconder?"

"Você não está perdida no meio de uma tempestade, Marilyn. Você *é* a tempestade! Você não tem nunca que procurar um lugar para se esconder. Uma verdadeira deusa fica provocando estrondos ao redor e fazendo com que todos os demais fiquem buscando onde se esconder."

"Oh, Colin, você é engraçado." Marilyn começou finalmente a sorrir de novo. "Mas eu também sou uma pessoa."

"É claro que você é, Marilyn", eu disse gentilmente. "Você é uma pessoa extremamente amável. E você tem o Sr. Miller pra cuidar dessa pessoa extremamente amável. Toda deusa deveria ter um lindo e elegante deus para tomar conta dela e lembrá-la que ela também é uma mulher. A qualquer minuto desses, ele surgirá rugindo por entre as nuvens para reclamar sua posse e não achará nada divertido encontrar o bobo da corte em seu lugar. Provavelmente ele vai me atingir com um raio."

"Eu não vou permitir que ele machuque você."

Eu não pude deixar de fazer uma careta.

"Sim, você vai, Marilyn e você também vai me ferir. Mas terá valido a pena."

Marilyn soltou outro suspiro e fechou os olhos. De repente, ela pareceu estar muito cansada. Eu sabia muito bem que deveria sair na ponta dos pés e deixá-la voltar a dormir, mas parecia que minhas pernas tinham perdido a utilidade. Tudo que eu podia fazer era continuar sentado, olhando para a bela criatura que parecia tão inocente, apesar de todo poder que exercia.

"Colin", ela sussurrou. "Preciso lhe confessar algo. Existe uma parte minha que é muito sórdida. Algo que vem do fato de eu ser muito ambiciosa, eu suponho. Algo que tem a ver com tudo que fiz — não coisas ruins, mas egoístas. Eu dormi com homens demais, isso é certo. E fui infiel tantas vezes que não dá para contar. De alguma maneira, o sexo não parecia ter muita importância quando eu era criança. Mas agora eu quero que as pessoas me respeitem e me sejam fiéis e elas nunca são. Eu quero encontrar alguém que me ame — com todas as coisas bonitas e feias. Mas as pessoas só veem o *glamour* e se apaixonam por ele e depois, quando veem o lado feio, elas vão embora. É o que Arthur acabou de fazer. Antes de viajar para Paris, ele escreveu um bilhete dizendo que estava decepcionado comigo. Eu o vi em sua escrivaninha. Acho que ele o deixou ali para eu ver. E então você apareceu e foi tudo tão divertido que me deixou totalmente confusa. Por que a vida é tão complicada, Colin? Arthur diz que eu não penso suficientemente, mas parece que eu sou feliz apenas quando não penso."

"Sinto muito", eu disse, "mas não vou dizer 'pobre Marilyn.' Você tem talentos e vantagens que a maioria das pessoas só consegue sonhar. Você simplesmente não tem quem a ajude a usá-los apropriadamente. Como todas as pessoas ambiciosas, você precisa crescer o tempo todo — crescer como atriz e também como pessoa. E crescer é doloroso, não há a menor dúvida. Dores do crescimento, como são chamadas. Mas você não quer ficar parada. Você não suporta ficar sentada pensando: 'Eu sou Marilyn Monroe e isso é o suficiente para passar de um filme desmiolado de Hollywood para outro.' Se conseguisse fazer isso, você não estaria aqui agora. Você não teria se casado com um escritor famoso, não teria lido *Os Irmãos Karamazov* nem concordado em atuar com Laurence Olivier. Você estaria dirigindo um Cadillac cor-de-rosa em Beverly Hills, almoçaria todos os dias com seu agente e ficaria contando o dinheiro que tem no banco."

Marilyn abriu os olhos. "O que me faz querer sempre mais, Colin? Você acha que estou sendo gananciosa demais? Talvez seja porque quando eu era pequena nunca tinha o bastante." Ela suspirou de novo.

"Eu nunca conheci realmente minha mãe e meu pai. Cresci passando a maior do tempo na casa de outras pessoas, mas tive aquilo que se pode chamar de tia, a tia Grace, que às vezes cuidava de mim e sempre me dizia que eu poderia ser uma grande atriz. 'Norma Jean', ela dizia, 'um dia você vai ser tão famosa como a Jean Harlow', e me levava a um salão de beleza para que me fizessem um penteado maravilhoso.

"Numa das escolas que eu frequentei, todas as outras crianças me chamavam de 'a rata', porque eu era muito desleixada. Naquela época, meu cabelo também era castanho. Às vezes eu continuo me achando uma rata, que anda por aí no corpo de uma estrela de cinema. Mas então meus seios começaram a crescer e eu pintei o cabelo de loiro. Alguns caras tiravam fotos minhas e todos os garotos começaram a me amolar e querer transar comigo. Acho que nem fazia ideia do que era isso. Eu costumava ter muita cólica todos os meses — ainda tenho — e achava que era castigo de Deus por conhecer o sexo quando ainda era tão jovem.

"Casei com dezesseis anos. Pobre Jimmie. Ele não queria de maneira alguma se casar. Ele o fez como quem faz um favor. Do contrário, eu teria que voltar para o orfanato. Grace não podia mais tomar conta de mim. E eu não sabia ainda quem eu realmente era. Achei que se me casasse seria alguém. Eu cuidaria de meu marido e da minha casa e, assim, seria alguém.

"Mas as coisas não funcionaram absolutamente dessa maneira. Após alguns meses, Jim dificilmente voltava para casa à noite e, quando voltava, nós mal tínhamos sobre o que falar. Daí ele foi para a guerra e eu comecei a trabalhar como modelo. Parece que a maioria dos casamentos acaba mesmo, não é verdade, Colin? O meu simplesmente se desfez. E suponho que eu o tenha traído com muita frequência. Parecia a coisa mais natural do mundo eu dormir com os fotógrafos, coisa que eu sempre fiz. Como se fosse uma recompensa pelas fotos lindas que eles tiravam de mim. Mas trabalhar como modelo era divertido. Era como uma maneira de atuar. Eu sempre tentava fazer o melhor que podia e me saía bem. Quando Jimmie voltou para casa, ele não suportou aquilo. Obtivemos o divórcio em Las Vegas mais ou menos na época em que fiz meu primeiro teste para atuar no cinema. Aquilo era maravilhoso.

Eu simplesmente adorava me colocar na frente das câmeras. Aquele parecia ser o meu verdadeiro lugar. Mas, cara, que multidão de homens circula pela indústria do cinema — e todos acham que você tem que dormir com eles."

"E você dormiu, Marilyn?"

"Com muitos deles. Muitíssimos. Eu não via nada de errado naquela época. Era apenas uma criança boba. Mas agora eu vejo. E me sinto culpada."

"Eu entendo, Marilyn. Mas você não tem que se sentir culpada pelo passado. Todo mundo entende a sua situação. Tenho certeza de que Arthur entende."

"Joe não entendia. Ele não gostava nada disso. Ele se casou comigo, mas acho que jamais me perdoou pelo que eu fiz antes de conhecê-lo. Isso não é justo, você não acha?"

"Você está se referindo a Joe DiMaggio?"

"Sim. Ele era ótimo em muitos sentidos. Tão forte. Tão seguro de si. Eu realmente tentei ser uma boa esposa para ele, mas naquela época a minha carreira estava começando a se sair melhor do que a dele e, como ele estava acostumado a toda aquela fama e tudo mais, ele tampouco suportou ficar comigo. Ele ficou com muito ciúme. Eu simplesmente não podia mudar do jeito que ele queria. Então apareceu Arthur e ele era diferente. Arthur sempre foi diferente de todos os demais. Porque ele não procurou dormir comigo já no primeiro encontro. Ele me tratava realmente como uma pessoa. Ele era tão inteligente. Não falava muito — bem, Joe tampouco falava muito — mas, de alguma maneira, a gente percebia o quanto ele era inteligente só de olhar para ele. E terrivelmente atraente também. Eu realmente me apaixonei por Arthur, e continuo apaixonada. Mas agora eu sinto que o decepcionei. Eu realmente devo tê-lo decepcionado, senão ele não teria ido embora, você não acha, Colin?"

"Você e Arthur dificilmente formam o típico casal em lua de mel", eu disse. "Você está sob uma pressão enorme para ter um desempenho excelente num filme extremamente difícil. Você tem que colocar todos os seus esforços no trabalho, goste dele ou não. Você tem Milton e Paula enchendo seu saco de manhã, tarde e noite. Acho que Arthur não fazia ideia das dificuldades que vocês teriam de enfrentar. Neste exato momento, ele está fugindo de todo esse espetáculo circense que é a indústria do cinema, não de você."

Marilyn estava com uma cara tão infeliz que eu não resisti à tentação de estender minha mão para pegar a sua. Ela pareceu nem notar por um instante, mas, subitamente, ela apertou a minha mão com toda força.

"Você acha isso, Colin? Você realmente acredita nisso?"

"É claro que acredito. Na verdade, eu sei que é. Ele disse para Olivier que a pressão criada por esse filme está levando-o à loucura. Ele não disse que *você* estava levando-o à loucura."

"Mas eu vi o bilhete sobre sua escrivaninha. Nele, ele dizia que eu não era o anjo que ele havia imaginado. Eu concluí que ele estava decepcionado comigo."

"Se Arthur realmente pensou que estava se casando com um anjo, ele devia estar maluco. Afinal, ele queria uma fantasia ou uma pessoa de carne e osso? Ele sabia que você era a mais famosa estrela de cinema do mundo. Será que ele pensou que vocês poderiam passar diretamente do lugar em que estavam para o céu? É claro que não. Como você disse, Arthur é um escritor. As coisas que ele escreve são apenas anotações de ideias que lhe vêm à cabeça. Eu vi o jeito dele olhar para você. Ele entende você. Ele tem orgulho de você. Ele adora você. Ele simplesmente não fazia ideia — ninguém faz ideia — do quanto de trabalho exige fazer um filme como este."

A voz de Marilyn saiu apenas como pouco mais do que um sussurro. "Você não acha, então, que ele vai me abandonar? Você acha que ele vai voltar?"

"Tenho certeza disso. E agora é hora de eu ir embora e você voltar a dormir."

"Oh, não vá embora, Colin. Eu não vou suportar mais isso."

Marilyn abriu de novo seus olhos azuis de piscina e apertou minha mão como se sua vida dependesse disso.

"Por favor, fique, Colin."

"Tudo bem, eu fico, mas sob uma condição: que você chegue ao estúdio na hora amanhã de manhã. Com isso, você surpreenderá a todos. Mostrará a todos eles quem você é. Mostrará a todos eles que você é uma estrela de primeira grandeza. Que quando as coisas ficam feias, você consegue se elevar acima delas e fazer a melhor atuação de sua vida."

"Oh, Colin, você faz tudo isso parecer engraçado."

"Você faz isso, Marilyn? Apenas uma vez? Não por mim — mas por você mesma. Não vamos avisar Paula, nem Milton nem ninguém. Simplesmente vamos. Eu vou colocar o relógio para despertar às 7h. Isso nos dá quatro horas de sono."

Marilyn deu uma risadinha. "Quatro horas! Nós não vamos fazer amor, Colin? Isso é tempo suficiente?"

"Oh, Marilyn, você é uma menina malvada", eu disse com seriedade. "Nós não vamos fazer amor, entendido? Como se já não bastasse eu estar aqui com você. Você vai ter que ser capaz de dizer a seu marido que nós nem sequer pensamos em fazer sexo — que isso jamais passou pela sua cabeça. Você vai ter que ser capaz de dizer isso com uma mão no coração. Do contrário, ele muito provavelmente deixará você para sempre. E você não quer que isso aconteça."

Marilyn suspirou. "Acho que não", ela disse.

Eu apertei sua mão. "Mas só para saber, você gostaria de fazer amor?"

"Acho que sim."

"Eu também. Mas agora vamos dormir."

"Mas a gente pode fazer a brincadeira da concha."

"Que brincadeira é essa?"

"É uma coisa que eu fazia com Johnny — Johnny Hyde — quando ele estava doente. Tire as calças e venha para a cama, Colin. Agora, deite-se bem estirado, com a cara voltada para a beirada. Ei, é ótimo você ser tão magro como Johnny."

Marilyn apagou a luz e deitou-se nas minhas costas. Eu senti seu rosto se estender na direção da minha nuca até seu corpo acompanhar a extensão do meu. Isso está ficando perigoso, eu pensei. Uma coisa podia levar a outra no escuro. Mas Marilyn estava claramente a fim de se divertir, exercendo controle. "Agora eleve lentamente os joelhos, Colin, e dobre suas costas para frente."

Ao fazer isso, eu pude sentir Marilyn fazendo o mesmo até eu ser totalmente envolvido por um gostoso abraço.

"Está vendo?" perguntou Marilyn. "Como uma concha!"

Finalmente eu pude respirar. "Boa noite!" eu disse. "Durma bem."

"Mmm" sussurrou Marilyn. "Está ótimo. Vou dormir muito bem."

❖ ❖ ❖

Terça-feira, 18 de Setembro

PELOS DOIS PRIMEIROS MINUTOS, eu estava me sentindo tão maravilhosamente bem que não podia nem me imaginar caindo no sono. Mas quando me dei conta, o despertador estava tocando do outro lado da cama e raios de sol invadiam o quarto. Para minha surpresa, ouvi uma voz cantarolando e um ruído de água vindos do banheiro.

"I found a dream, I laid in your arms the whole night through,
I'm yours, no matter what others may say or do…"
[Eu realizei um sonho, passei a noite em seus braços,
Sou sua, não importa o que os outros possam fazer ou dizer...]

Marilyn estava cantarolando a linda valsinha escrita por Richard Addinsell — *The Sleeping Prince Waltz* — para o filme. Então, quando quer, ela consegue afinal se levantar pela manhã, eu pensei.

Foi quando eu me estirei sobre a colcha para silenciar o despertador que me ocorreu a ideia de que eu podia estar seriamente encrencado. Eu tinha acabado de passar a noite com a mulher de outro homem e havia cinco testemunhas bem ali naquela casa. Eu peguei minha calça cinza de flanela do chão e fui para o *closet*. Pelo menos, ali, havia um sofá, apesar do pequeno espaço. Voltei para o quarto para pegar algumas almofadas e aquela engraçada coberta cor-de-rosa e fiz com elas um cuidadoso "desarranjo" para ficar parecendo que eu tinha passado a noite o mais longe possível de Marilyn. Como apenas Maria veria aquilo, eu pensei, tratei de fazer o possível para que ela notasse. Talvez eu viesse a precisar de alguma evidência — para quem, eu não sabia. Coloquei um cinzeiro e um copo no chão, perto do sofá, e também uma pilha de livros.

"Marilyn", eu chamei. "Estou indo para o estúdio. Nos vemos lá logo mais, tudo bem?"

Marilyn saiu do banheiro em seu roupão branco atoalhado.

"Ei, Colin, você está parecendo um pouco desalinhado. O que Sir Laurence vai dizer? Eu dormi muito bem. Hoje vou realmente mostrar a ele do que sou capaz. Espere um minuto, você precisa da chave para sair."

Ela riu e foi até a penteadeira.

"Está aqui. Diga a Roger que desço em dez minutos. Nos vemos mais tarde."

Já eram 6h45.

"Tchau, Marilyn. Você é uma estrela."

Eu desci correndo as escadas e quase atropelei Roger no *hall*.

"Miss Monroe mandou dizer que vai descer em dez minutos", eu disse bafejando.

Roger fez uma cara séria.

"Não se preocupe, Roger. Ela está ótima."

"Imagino que sim."

"Olha aqui, Roger, não se precipite a tirar conclusões. Eu dormi no *closet*. Vejo você no estúdio. E, por favor, trate de se animar. Não podemos agora correr o risco de vê-la perder a paciência."

"Bom dia, Evans", eu disse animado ao passar pela entrada de carros.

Consegui chegar aos estúdios apenas um minuto antes do Bentley marrom de Sir Laurence Olivier dobrar a curva da ala em que ficava seu camarim.

"Bom dia, garoto! O maquilador já chegou?"

"Vou verificar, Sir Laurence."

Olivier parou e ficou me olhando.

"Você parece um pouco desalinhado esta manhã. Algum problema?"

"Está tudo ótimo, pelo menos é o que eu acho, Sir Laurence."

"Ótimo. Bem, me avise quando Marilyn chegar. Isto é, se é que ela vai chegar. Alguma novidade?"

"Oh, eu acho que ela virá agora pela manhã."

Olivier me atravessou com os olhos.

"Eu realmente espero", eu disse para mim mesmo. Com Marilyn nunca se pode ter certeza absoluta de nada.

"Está mais do que na hora."

Ele entrou em seu camarim e fechou a porta, enquanto eu fui atrás do maquilador. Dez minutos depois, para um enorme alívio meu, o carro de Marilyn apareceu, com Evans impassível ao volante. Dele saiu Roger, depois Paula e depois Marilyn.

"Bom dia, Colin."

"Bom dia, Miss Monroe. Está fazendo um lindo dia." Não pude resistir a dar um largo sorriso.

"Sim, é mesmo, Colin!" ela disse sorrindo diretamente para mim, para evidente alarme de Paula e Roger.

"O maquilador está esperando em seu camarim. Volto em uma hora."

"Tudo bem. Nos vemos então."

Eu corri para o camarim de Olivier, onde entrei para comunicar com orgulho.

"Miss Monroe chegou, Sir Laurence. Ela está sendo maquilada."

"O quê? Às 7h15? Mas como, quase na hora. Que diabo fez isso acontecer? Colin, você tem algo a ver com isso?"

Olivier fez uma carranca e em seguida soltou uma risada estrondosa.

"Você passou a noite com ela, não é mesmo? Não é de admirar seu estado desalinhado. Oh meu Deus, o que eu vou dizer a K e Jane [meus pais]?"

"Não aconteceu nada de indecente, Larry, eu juro."

"Isso não me interessa. Pelo menos, você conseguiu fazer com que ela chegasse ao estúdio na hora. É só isso que importa. Vamos agora colocar as mãos à obra e tentar fazer um filme. E bem feito — mas se eu fosse você, iria até o guarda-roupa e trataria de me alinhar. E talvez fazer também uma maquilagem. E tomar uma chuveirada. Você não vai querer que o estúdio inteiro fique sabendo."

Aos poucos, foi chegando o resto da equipe e, um a um, eles quase desmaiaram diante da surpresa. "Marilyn! Já aqui? Não consigo acreditar! É a primeira vez!" etc., etc. O set ficou pronto e as luzes foram dispostas na metade do tempo normal. David Orton me manteve mais ocupado do que normalmente no estúdio e eu acabei esquecendo totalmente de Marilyn até que seu cabeleireiro me procurou duas horas depois.

"Miss Monroe gostaria de ter uma palavrinha com você, Colin."

David suspirou. "Pelo menos, avise-me quando ela estiver pronta, sim?"

"Oh, ela já está pronta, Sr. Orton", disse o cabeleireiro. "Ela só quer ter antes uma palavrinha com Colin."

"É mesmo? Colin tomou agora também o lugar de Paula?" Ele disse, erguendo as sobrancelhas até o céu. "Senhor, o que foi que eu fiz para merecer um assistente de direção como este?"

Quando entrei no camarim de Marilyn, ela ainda estava no santuário secreto, mas totalmente vestida e com uma aparência deslumbrante.

"Colin, estou me sentindo um pouco nervosa", ela disse e apertou com força os dedos de minha mão. "O que você acha?"

"Marilyn, querida", eu disse sem dar a mínima para a possibilidade de Paula ouvir. "Pense no futuro. Você *é* o futuro. Entre agora no *set* e mostre a todos aqueles velhos molengas o que você é capaz de fazer."

Aquele foi um dia maravilhoso. Eu só tive olhos para Marilyn, apesar de não ter voltado a falar com ela. Para grande alívio meu, a maioria da equipe de filmagem simplesmente me ignorou. Era como se meu novo papel fizesse de mim outra pessoa e me colocasse num outro patamar. Paula ficou como de costume se intrometendo em tudo, mas Marilyn parecia um cisne deslizando por cima daquelas mesquinharias. Ela sabia de cor seu texto, captava as deixas e irradiava sorrisos para os outros atores no *set*. Quando Olivier se aproximou para fazer-lhe alguma sugestão, ela olhou diretamente nos olhos dele e disse "Meu Deus! É isso mesmo!" em vez de se voltar para Paula em busca de socorro.

Foi apenas depois de ela ter voltado para o seu camarim no final do dia que eu tive a chance de passar um momento a sós com Marilyn.

"Você foi estupenda! Você conseguiu! Provou a todos eles do que é capaz!"

"Eu fiquei apavorada. Você vai voltar lá em casa hoje à noite? Por favor! Vá depois do jantar. Eu vou ter que passar um tempo com Paula. Vou ter que decorar meu texto."

Nem o gelo da finura de uma hóstia abaixo de meus pés me fez resistir àquele olhar.

"Tudo bem. Eu vou. Mas não há nenhuma desculpa desta vez para eu passar a noite com você."

"Então nos vemos mais tarde, Colin."

"Até lá."

Tony e Anne se mostraram muito surpresos quando eu apareci em casa naquela noite. Àquela altura, eles já sabiam onde eu havia passado a noite anterior e, pelo visto, não esperavam que eu aparecesse. Era como se eles achassem que Marilyn havia me engolido, como se fosse uma cobra. Anne se mostrou bastante irritada, mas Tony só tinha felicitações para me dar.

"Não sei como foi que você conseguiu isso, Colin, mas Laurence" — Tony é o único homem do mundo a chamar Olivier de *Laurence* — "se mostrou totalmente encantado. Nesse ritmo, vamos terminar o filme antes do prazo. O que foi que você fez? Você acha que isso vai durar?"

"Eu não apostaria nisso", eu disse.

"Acho que todos nós podemos adivinhar o que foi que Colin fez", Anne disse asperamente.

"A pergunta é 'o que vai acontecer agora?' E 'O que o Sr. Miller vai dizer quando voltar?'"

"Marilyn e eu não estamos tendo um caso", eu disse com enfado.

"Não, é claro que não" Tony disse asperamente. "Apenas bons amigos, não é assim que se diz? De qualquer maneira, você é jovem demais para ela." "E ingênuo demais." Anne completou.

"Então, suponho que você vá passar a noite aqui", Anne disse.

"Ah, bem, acho que sim, não tenho certeza. Eu tenho que dar uma passada lá na Parkside House depois do jantar, só para ver se Marilyn está bem. Ela insistiu muito. Mas quero voltar para dormir aqui — se é que eu posso."

"É claro que sim", Anne disse.

Quando retornei à casa de Marilyn, Roger estava andando pra cima e pra baixo do lado de fora, obviamente esperando para falar comigo antes que eu entrasse. Eu estacionei o mais discretamente possível e ele se aproximou, batendo o cachimbo no sapato.

"Miss Monroe está muito irritada. Ela está no momento com Paula. Se eu fosse você esperaria até elas resolverem seus problemas."

"Pelo amor de Deus, qual é o problema agora?" Colin, o remédio disponível vinte e quatro horas por dia! "Ela esteve ótima hoje. Olivier ficou feliz, ela parecia feliz. Era como se o sol tivesse aparecido."

"Você não achou que fosse se apossar dela, ou achou?"

"Eu não quero me apossar dela. Ela não é uma empresa. Ela é uma pessoa. Eu só quero ajudar."

"Eu acho que você vai descobrir que ela *é* sim uma empresa. A Marilyn Monroe Productions. É ela que paga o meu salário. E Milton Greene também esteve aqui por uma hora. Ele está tramando alguma coisa, isso é certo. Mas não acho que ele vai contar para o Sr. Miller. Acho que ele considera o Sr. Miller uma ameaça maior do que você."

"É o que ele deve fazer. O Sr. Miller é o marido dela. Eu não passo de uma fantasia passageira. Todo mundo na indústria do cinema se ocupa demais com o que está acontecendo em cada minuto. Ninguém vê as coisas de uma perspectiva mais ampla. Não é de admirar que absolutamente nenhum filme seja concluído."

"Com certeza será um milagre se este que estamos fazendo for concluído."

Roger e eu entramos na cozinha para esperar. Pobre garota, eu pensei. Aposto que Paula está tratando de confundi-la de novo. Mas então, eu suponho que se ela não fizesse isso, seu emprego perderia o sentido, como o de todos os demais.

Estava quase escuro quando Paula apareceu.

"Olá, Colin, é melhor você subir. Mas não se demore muito. Ela está muito cansada e não está se sentindo muito bem."

Quando entrei no quarto, Marilyn estava deitada na semiobscuridade, parecendo de fato muito frágil.

"Oh, Colin, estou me sentindo tão mal."

"Qual é o problema agora?"

"Paula me disse que Sir Laurence gritou com ela, dizendo que eu não sei atuar e que jamais serei uma atriz de verdade. E isso diante de toda a equipe. Toda a equipe de filmagem."

"Hoje? Olivier fez isso hoje? Mas eu estive lá o tempo todo."

Eu não acreditei em nada daquilo. Não acreditava que Olivier pudesse fazer tal coisa, especialmente naquele dia.

"Não, acho que não foi hoje", Marilyn admitiu. "Talvez ontem."

Oh, aquela Paula era realmente uma bruxa. Que coisa mais grosseira para se dizer!

"Bem, eu não acredito nisso, Marilyn. Talvez Olivier tenha perdido as estribeiras e Paula tenha entendido mal."

"Você acha que eu sou capaz de atuar, Colin?"

Eu me sentei na beirada da cama. E lá estamos nós aqui, outra vez. Até onde pode ir a insegurança de uma pessoa?

"Não, eu não acho que você seja capaz de atuar. Pelo menos não na visão de Olivier. E isso graças a Deus. Estou cansado de ouvir Olivier dizer que existe apenas uma maneira de atuar — e esta é a maneira dele, é claro. Olivier é capaz de grandes atuações, mas na maioria das vezes, ele não faz nada mais do que personificações deslumbrantes, brilhantes caricaturas. Ele é um grande ator de teatro. Ele consegue causar grande impressão e hipnotizar o público de maneira a acreditar em qualquer coisa que ele queira. Ele conhece perfeitamente o seu poder e planeja cuidadosamente como usá-lo para chocar, seduzir e enganar. Mas assim que tem de passar a ser uma pessoa comum, ele é terrível. É como se ele precisasse de alguma forma especial de exagero — uma espada, uma corcunda, um olho postiço — para existir. Sem isso, ele parece desajeitado e pouco à vontade. Em seus primeiros filmes, suas atuações foram embaraçosas."

"Eu vi Vivien Leigh em *E O Vento Levou*", Marilyn disse. "Ela foi maravilhosa."

"Ela foi maravilhosa, Marilyn, porque não procurou personificar Scarlett O'Hara, ela *foi* Scarlett O'Hara. Ela sabia exatamente como Scarlett O'Hara havia se sentido. Ela entrou totalmente no personagem. Olivier não consegue imaginar isso. Ele pode entrar e sair de um personagem como se fosse uma peça de roupa, sem fazer absolutamente nenhum esforço. Isso funciona bem no teatro, mas não no cinema. A câmera deixa tudo escancarado. Um grande ator ou uma grande atriz de cinema tem que *ser* o papel, entrar no âmago de seu ser. E isso você sabe fazer, Marilyn. Não sei como, mas você consegue fazer isso. Você vai roubar este filme de Olivier e ele sabe disso. Lembre-se de que ele é um grande homem e, em certo sentido, não acho que ele se importa com isso. Eu o admiro muito por ser assim. Ele consegue enxergar o que você tem — eu não dou a mínima para o que Paula diz — e está preparado para lhe dar o filme numa bandeja se isso fizer dele um sucesso. Ele não faria isso se não soubesse, bem no fundo, que você é uma atriz. É a mesma coisa com Marlon Brando. Olivier o admira, mas também tem medo dele. O problema é que nenhum de vocês atua do jeito que ele atua e isso é muito difícil para Olivier entender. E provavelmente ele consegue enxergar que vocês são o futuro, o que o assusta um pouco."

"Oh, Colin. O que devo fazer?"

"Chegar ao estúdio o mais cedo que puder, querida Marilyn. Ninguém espera que você se comporte como uma atriz desempenhando um papel de menor importância, mas o fato é que o filme só poderá ser concluído com a presença de todos. Haverá algumas sequências musicais, com arranjos excelentes, que você irá adorar. E também algumas cenas em que Elsie Marina assume o controle de seu caso amoroso, que se encaixam perfeitamente em seu perfil. Na verdade, eu quero que você assuma o controle do filme. Marilyn Monroe Productions e Laurence Olivier Productions — vocês são sócios em condições de igualdade, não são? É hora de você agir com determinação. Esqueça o coitado do Milton; ele é apenas um burro de carga. Esqueça Paula; ela só está ali para segurar sua mão e, de qualquer maneira, ela tem um medo terrível de você. Esqueça até mesmo o Sr. Miller. Ele não consegue suportar toda essa pressão. Você terá tempo de sobra para se tornar uma ótima esposa judia quando voltarem a viver no Bronx. Você terá de entrar marchando naquele estúdio e assumir o comando. Está escrito em seu texto: 'É assim que eu quero que seja e é assim que vai ser.'"

"Caramba, Colin, você acha que sou capaz? Mas eu sou medrosa demais. Tenho medo de quando estiver diante daquela câmara eu não me sinta apta — que não saiba o que fazer. Gostaria de ter na manga alguns daqueles truques de Sir Laurence."

"Deus me livre, Marilyn. Você quer ser uma péssima atriz como Bette Davis? É claro que não! Você sempre sabe exatamente o que fazer quando está diante da câmara. Você age com naturalidade. Tem um incrível talento natural. Não tenha medo. Desfrute-o. Esbanje-o."

"Lá vem você de novo — você faz com que a coisa toda fique parecendo divertida. Mas por que isso me deixa tão nervosa?"

"Escute aqui, Marilyn. Quando eu deixei a escola, ingressei na força aérea e me tornei piloto. Eu pilotava todos os dias aviões a jato de um único passageiro. Quando estava dentro do avião, meu assento era tão na frente que eu não conseguia enxergar as asas. E às vezes, eu olhava para aquela vastidão de azul celeste e pensava 'Socorro! O que me mantém aqui nestas altitudes? Nada além de ar rarefeito. A qualquer minuto eu posso cair no mar a uma profundidade de vinte mil pés.' É claro que eu sabia tudo a respeito de aerodinâmica e coisas do gênero, mas por um instante eu me sentia em pânico e meu coração parava de bater. Mas então eu pensava 'Não cabe a mim me preocupar com isso. Tudo que eu tenho de fazer é pilotar a droga deste avião. E isto eu sei fazer, se não soubesse nunca teria vindo parar aqui nesta altitude.' Então, eu voltava a assumir o controle; e como você pode ver, o avião nunca caiu."

Marilyn bateu palmas. "Você está certo. Eu vou voar! Eu posso voar! Mas antes tenho que ser livre. Livrar-me de todos aqueles médicos e de todas aquelas pílulas. Ficar livre de todos."

"E livre de mim."

"Oh, Colin, não. Fique um pouquinho comigo. Fique deitado ao meu lado até eu adormecer. Por favor. Eu sinto que não vou conseguir ficar sozinha esta noite. Senão vou ter que tomar aquelas pílulas. E além do mais, quero que você me fale de novo todas aquelas coisas — quer dizer, sobre agir com naturalidade. É assim que eu realmente quero ser."

"Tudo bem, Marilyn. Vou ficar um pouco mais, mas agora, vamos tratar de dormir um pouco."

Eu apaguei a luz e me deitei de novo naquela coberta macia e fechei os olhos.

Ouvi uma risadinha de Marilyn no escuro.

"Natural. Você acha que algum dia você e eu possamos estar juntos com naturalidade?"

"Talvez, Marilyn. Quando o filme acabar, quem sabe. Seria ótimo."

"Mmm", Marilyn resmungou. Ela estendeu uma mão, pegou a minha e ficou segurando-a. "Natural é ótimo..."

Menos de uma hora depois, ela estava de novo acordada.

"Colin! Colin!" ela chamou.

Sentei-me imediatamente e no escuro tateei desesperadamente à procura da luz. Eu tinha caído no sono em cima da cama e, por sorte, totalmente vestido. Não tinha nem tirado os sapatos.

"Está doendo. Está doendo muito."

Marilyn estava deitada de costas e apertava a barriga. Parecia um fantasma de tão pálida.

"Qual é o problema?" Coloquei uma mão em seu rosto. Ela não parecia estar com febre. "Qual é o problema?"

"Estou com cólicas terríveis. Oh, não! Oh, não! Oh, não!"

"O que é, Marilyn?"

"É o bebê! Vou perder o bebê!"

"O bebê? Que bebê? Você vai ter um bebê?" Eu simplesmente não conseguia entender o que estava acontecendo.

Pela primeira vez desde que a conhecera, Marilyn começou a chorar. Eu nunca tinha visto sequer um sinal de lágrima no estúdio, mesmo quando Olivier lhe dispensava o pior tratamento possível. Acho que a via como alguém cuja vida havia sido tão difícil, que havia sofrido na infância ao ponto de jamais se permitir chorar de novo.

"Pobre Marilyn", eu disse com o máximo de delicadeza possível. "Fale-me sobre o bebê."

"Era de Arthur", Marilyn disse entre soluços. "Era para ele. Ele não sabia. Era para ser uma surpresa. Assim ele veria como eu podia ser uma verdadeira esposa e uma mãe verdadeira."

Mãe — eu mal podia acreditar naquilo.

"Há quanto tempo você estava grávida?"

"Apenas algumas semanas, eu acho. Pelo menos, minha menstruação está com atraso de algumas semanas. E eu não me atrevo a falar sobre isso com ninguém, pois pode não ser verdade. Ai!" Outro espasmo atravessou a barriga de Marilyn. Evidentemente que ela estava com muita dor.

"Eu vou perder o bebê. Talvez seja castigo por eu ter tido tanto prazer."

"Bobagem, Marilyn. Nós não fizemos nada de errado. Absolutamente nada. Acho melhor eu mandar Roger chamar imediatamente um médico. E é melhor ele chamar Milton também. E você não vai tomar nenhuma pílula. Devo chamar Paula e Hedda também?"

"Não fale nada sobre o bebê para elas, Colin. Eu sempre tenho cólicas quando menstruo. Elas estão acostumadas. Só que agora elas parecem piores, é tudo."

"Tudo bem. Mas você deve contar isso ao médico quando ele vier. Volto já."

"Por favor, volte logo, Colin. Por favor, não me deixe sozinha."

Eu saí correndo do quarto, atravessei o corredor até o quarto de Roger e acendi a luz.

"Roger! Acorda! É Miss Monroe. Ela está passando mal."

"Qual é o problema?" Roger saltou na cama com a rapidez de um raio e vestiu sua calça e camisa.

"É melhor você chamar imediatamente um médico. Ela não está gravemente doente, mas com muita dor. A telefonista deve saber o nome de um médico que esteja disponível à noite. Tente encontrar alguém que possa vir imediatamente. Então, e só depois de ter feito isso, você pode acordar Paula e Hedda e deixá-las ir até Marilyn. E acho que deve chamar Milton também. Enquanto isso, eu vou segurar a mão de Marilyn."

Roger desceu as escadas correndo para ir telefonar e eu voltei para o quarto de Marilyn. Ela não estava visível em parte alguma, mas dava para ver luz embaixo da porta do banheiro.

"Marilyn, você está bem?" eu perguntei. "Roger foi chamar um médico. Ele logo estará aqui."

Marilyn deixou escapar um grito. "Ai! Eu estou sangrando muito."

"Ouça, Marilyn, com muita atenção, isto é importante. Não tranque a porta do banheiro. Se ela está trancada, destranque-a assim que puder. Mesmo que você tenha de andar de quatro até a porta. Eu prometo que não vou entrar aí. E não vou deixar ninguém entrar. Mas você pode desmaiar e o médico tem que poder entrar aí assim que chegar."

"Oh, Colin!"

Ouvi um ruído de pés sendo arrastados e alguns gemidos e, em seguida, um estalido de abertura do ferrolho.

"Boa menina!"

Roger apareceu na porta do quarto.

"O médico está a caminho. Vou chamar Paula e depois Milton. Avise-me se houver algo que eu possa fazer."

"Aguente firme, Marilyn!" eu disse. "O médico está a caminho. Tente se acalmar o máximo possível!"

"Não é por causa da dor e sim do bebê. Eu devia ter ficado na cama por algumas semanas."

"Marilyn, se não for para ser desta vez, não será. Você e Arthur estão apenas começando. Terão tempo de sobra depois de o filme acabar. Não se aflija demais. O que tiver de ser, será."

Naquele momento, Paula entrou correndo no quarto e eu tive que saltar na frente da porta do banheiro para impedir que ela o invadisse.

"Marilyn! Marilyn! Meu bebê! O que foi que Colin fez com você?"

"Colin não fez nada, Paula", Marilyn disse através da porta. "Não seja tola. O que eu tenho é apenas uma menstruação complicada. É tudo."

Paula me fuzilou com os olhos.

"Nós não fizemos absolutamente nada de errado", eu disse com firmeza. "Pode confiar em mim, Paula. Ninguém tem culpa de nada. A pobre Marilyn não está doente. São apenas suas cólicas mensais. Em todo caso, o médico está vindo para cá."

Paula se prostrou sobre o carpete, ao meu lado, como sempre representando seu papel de atriz trágica.

"Marilyn, Marilyn. O que posso fazer? Por que Arthur não está aqui? Ele devia estar junto de você. Colin é um bom garoto, mas não é seu marido. Oh, querida, você terá agora que cancelar o filme." Ela parecia exatamente como uma mãe judia.

Roger foi a próxima pessoa a aparecer na porta do banheiro. "Eu liguei para Milton" ele comunicou. "Ele também está vindo para cá. Em breve, todo o maldito circo vai estar aqui. Eu vou descer e aguardar a chegada do médico."

Não demorou muito para ouvirmos um carro se aproximando.

"O médico está aqui", eu anunciei através da porta.

Mas não era o médico. Era Milton.

"Pelo amor de Deus, Colin, o que está acontecendo? O que vocês dois andaram fazendo? Onde está Marilyn? Por que o médico ainda não chegou? Você devia tê-lo chamado antes de mim."

"Marilyn está no banheiro e não quer que ninguém entre. Repito *ninguém*", eu disse com firmeza, olhando para Paula, que havia se colocado de pé. "Ninguém deve se aproximar dela antes de o médico chegar. Eu prometi a Marilyn bloquear pessoalmente a porta."

Ocasionalmente vinham alguns gemidos do outro lado da porta e Milton e Paula estavam ambos desesperados por investigar o que estava acontecendo, mas por sorte, naquele momento, ouviu-se o ruído de outro carro se aproximando e logo Roger apareceu acompanhado de um senhor de idade e aparência cordial.

"E então, onde está a paciente? Que raios estão todos vocês fazendo aqui?"

"A paciente é Miss Monroe e..." Milton e Paula disseram ao mesmo tempo.

"A paciente está dentro deste banheiro", eu disse em voz alta. "E todos nós vamos agora para o andar de baixo". Eu comecei a conduzi-los para fora dali como se fosse um rebanho de ovelhas balindo. "Meu nome é Colin Clark, doutor", eu disse por cima do ombro. "A porta do banheiro está destrancada. Nós vamos deixar Miss Monroe a seu encargo."

E saímos.

"Aqui é o Dr. Connell", eu o ouvi dizer quando fechei a porta do quarto. "Posso entrar?"

No *hall* de entrada, Milton e Paula olhavam um para o outro, e para mim, com a mesma hostilidade.

"Isso não tem absolutamente nada a ver comigo", eu disse. "Eu simplesmente estava esperando que Marilyn adormecesse para ir embora. Ela estava se queixando de cólicas abdominais e não queria ficar sozinha. Depois, ela disse que estava se sentindo pior e eu pedi para Roger chamar um médico."

Como não havia mais nada a dizer, todo mundo ficou calado. Logo, para meu alívio, tivemos a companhia de uma sonolenta Hedda Rosten. Às vezes, à noite, Hedda se embriaga um pouco, mas é uma mulher maternal e não faz parte do mundo do cinema. Se havia alguém capaz de acalmar Marilyn, esse alguém era Hedda.

Passaram-se quinze incômodos minutos de arrasta-pés e espreme-mãos até o médico descer as escadas.

"O marido da Sra. Monroe está em casa? Não? Bem, quem de vocês é o responsável?"

Todos nós avançamos um passo à frente.

O médico ergueu as sobrancelhas. Eram altas horas da noite.

"Bem, a Sra. Monroe não está correndo nenhum perigo. Dei-lhe uma injeção e o sangramento parou; ela agora vai dormir. Sugiro que vocês mulheres — ele franziu o cenho para mim e Milton — "se revezem para ficar com ela. Ela deve ficar na cama amanhã o dia todo, mas depois disso, ela deve estar curada. Voltarei para vê-la na hora do almoço."

Houve um enorme suspiro de alívio de todos nós. Paula e Hedda subiram imediatamente para assumir seu encargo e decidir quem dormiria onde. Eu acho que Paula queria ter a certeza de ser a primeira pessoa que Marilyn visse quando acordasse.

"Vou acompanhá-lo até o carro, doutor", eu disse.

"Eu também", Milton disse, ansioso por nunca mais me deixar sozinho com alguém.

"O senhor não ficou surpreso, doutor, ao descobrir que sua paciente era Miss Monroe?" eu perguntei quando saímos para o ar fresco da noite.

"Na verdade, não, Sr. Clark. Como minha esposa dirige o Sadler's Wells Ballet, eu estou familiarizado com mulheres no comando."

"Dirige o Sadler's Wells Ballet? Então eu devo conhecê-la. Meu pai faz parte da diretoria do Teatro Lírico. Como se chama a sua esposa?"

"Ah, essa não", Milton resmungou. "De novo! Será que existe alguém que você não conhece, Colin?"

"Ela se chama Ninette de Valois", disse o médico.

"Oh, que incrível! É claro que eu conheço Ninette. Eu tenho uma enorme admiração por ela. Que coincidência. Transmita minhas lembranças a ela. Diga que são da parte de um dos gêmeos Clark."

"Pode deixar que eu darei. E o que o senhor está fazendo, Sr. Clark, se é que posso perguntar, na casa de Miss Monroe às 2h da madrugada?"

"Eu trabalho no filme em que Miss Monroe está atuando nos estúdios Pinewood e, bem, eu sou também amigo de Miss Monroe."

"E o marido de Miss Monroe? Suponho que ela tenha um marido."

"Ele está nos Estados Unidos, eu acho."

"É mesmo? E há quanto tempo ele está viajando?"

"Uma semana. Seis dias, para ser exato? E o bebê, doutor?"

Milton fez uma cara de total perplexidade.

"Oh, então o senhor está sabendo? Bem, é verdade. Miss Monroe estava grávida de três semanas, eu diria. Não está mais, é claro. Mas ela pode tentar novamente. Não é o fim do mundo. Preciso ir agora. Boa noite, senhores."

E com isso ele saltou para dentro do carro e saiu dirigindo.

"É melhor eu ir embora também", eu disse.

"Sim, Colin, é o melhor que você tem a fazer. Eu avisei que esta história ia acabar em lágrimas."

"Estou com a consciência limpa, Milton", eu disse. Nenhuma lágrima de minha parte. E lamento por Marilyn, é claro, apesar de eu achar difícil vê-la como mãe."

"Talvez, Colin..."

"Vou lhe dizer uma coisa, Milton. Vou ver Marilyn mais uma vez, amanhã. Só mais uma vez, eu prometo. Depois disso, eu vou desaparecer atrás dos bastidores. Tudo bem, Milton? Boa noite!"

O conto de fadas havia terminado de maneira tão dramática quanto havia começado.

❖ ❖ ❖

Quarta-feira, 19 de Setembro

"Marilyn, querida, é chegada a hora de dizer adeus."

Enquanto dirigia para a Parkside House, no dia seguinte, eu sabia exatamente o que ia dizer a ela. De alguma maneira, eu tinha uma imagem de Marilyn, reclinada sobre um banco de jardim à sombra de uma faia, encoberta por seu roupão branco atoalhado. Eu estava atravessando o gramado e indo na direção dela. Ela estava muito pálida, deitada com os olhos fechados, muito quieta, mas não adormecida.

"Marilyn, querida..." Eu ensaiei de novo. Uma coisa era certa: ela teria que apagar totalmente a nossa amizade de sua mente. Eu havia telefonado do estúdio para Milton às 8h da manhã e ele havia me dito que Arthur Miller estaria de volta na tarde daquele mesmo dia, cinco dias antes do planejado. Ele havia tomado conhecimento dos acontecimentos da noite anterior por meio de Hedda, eu suponho, e embora eu não ache que ela tenha mencionado o meu nome, havia um perigo muito real de Marilyn tê-lo feito, apenas para provocar ciúmes. Além disso, ela podia ser às vezes bastante maldosa. "Eu beijei Colin" ela havia dito para Milton, apenas para provocá-lo, achando que fosse algo extremamente divertido, embora Milton — e tampouco eu — não tenha achado nenhuma graça. Milton havia me advertido que, quando Marilyn se tornava dependente de alguém, ela tendia a considerar essa pessoa como parte de seu séquito sem pensar nas consequências. Ela não via nenhum problema em ter dois psicanalistas, duas mentoras de artes dramáticas ou dois agentes de Hollywood ao mesmo tempo. Ocorrera no passado algumas vezes em que ela tivera dois amantes, simultaneamente, como o próprio Milton podia comprovar. Não pelo fato de querer enganar ou bancar a esperta. Mas simplesmente por realmente não achar que fosse importante. Ela parecia incapaz de compreender a influência que exercia sobre as pessoas ao seu redor e o quanto ela significava para elas; isso se aplicava também com respeito a seus maridos, eu suspeito.

Eu havia tomado todas as medidas para estar no estúdio mais cedo do que costumava e para estar esperando do lado de fora dos camarins quando Olivier chegasse.

"Bom dia, garoto." Olivier me saudou como de costume. "Marilyn já chegou? Será que ela vai nos surpreender de novo?"

"Receio que não, Sir Laurence. Ela passou muito mal no meio da noite. Bem, pelo menos pareceu ser algo sério. Um médico foi chamado e ele disse que ela deveria ficar na cama o dia todo."

"Santo Deus. Na cama o dia todo? Isso é péssimo. E que doença o médico diagnosticou?"

"Pelo visto, é apenas uma menstruação complicada. Mas Marilyn teve muita dor e perdeu um bocado de sangue."

Eu não ia mencionar o bebê. Esse era um assunto particular entre Marilyn e Arthur.

"Entendo. Josh Logan me advertiu quanto a essa possibilidade. É evidente que ela necessita de um dia de folga a cada mês. Contamos com isso em nossos planos de trabalho. Mas é claro que a esta altura já esgotamos todos eles. O que mais?"

"Milton me disse que Arthur estará de volta de Nova York hoje à tarde. Tenho certeza de que isso ajudará. Marilyn me disse que irá trabalhar com especial afinco todos os dias daqui para frente, como trabalhou ontem, e acho que ela está falando sério. A relação dela com Arthur andava um pouco fora dos eixos quando eles vieram para cá e a viagem dele foi para ela um choque terrível. Eu acho que agora ela vai se concentrar por um tempo em sua carreira. Pelo menos, até terminar este filme."

"Espero que você esteja certo, Colin."

"E é hora de eu cair fora desta equação, Larry. Portanto, com a sua permissão, eu vou agora pela manhã dar uma passada lá na Parkside House para deixar isto claro. Não que tenha havido qualquer coisa imprópria entre Marilyn e eu, mas eu não gostaria que Arthur entendesse mal."

"Não, é claro. Pode ir. Tente saber se ela virá amanhã. Por favor, diga a ela que todos nós estamos a fim de terminar este filme o mais breve possível. Pessoalmente, eu gostaria de nunca ter visto esta mulher, mas não diga isso a ela."

É uma pena que Olivier nunca tenha se permitido conhecer realmente Marilyn, eu pensei, enquanto me dirigia para a Parkside House. Esse poderia ter sido um grande filme e uma experiência maravilhosa para todos nós.

Marilyn estava acordada, Roger me informou quando eu cheguei e, como sempre, a casa estava cheia de gente. Ela estava no quarto — para contrariar minha fantasia do gramado à sombra de uma faia — e eu não tive coragem para entrar nele sem me fazer anunciar. Havia se passado quase uma hora quando Paula teve dó de mim e me mandou subir.

"Marilyn, é Colin. Você quer vê-lo?"

Aquilo não parecia nada bom. Eu não havia precisado de nenhum aviso no dia anterior.

"Claro que quero. Olá, Colin. Entre. Não me diga que você veio se despedir."

Como é que ela havia conseguido ler a minha mente com tanta precisão? Nunca se sabia com Marilyn.

"Você não está indo para nenhum outro lugar, não é mesmo? Eu decidi que quero terminar este filme o mais rápido possível. Porque foi você quem disse para eu fazer isso. E Paula voltará em breve para os Estados Unidos para renovar seu visto ou algo parecido, de maneira que vou precisar de você para segurar minha mão, como também de Sir Laurence."

"Sinto muito, Marilyn", eu disse, ignorando Paula, que havia se sentado ao meu lado. "Mas acho que você não deve, a partir de hoje, notar a minha presença, muito menos segurar minha mão. O Sr. Miller chegará de volta hoje à tarde e é muito importante que ele não saiba que somos amigos ou que fomos amigos nesta última semana. Nós dois sabemos que não fizemos nada de errado. Sabemos que apenas nos divertimos e desfrutamos a companhia um do outro. Mas o Sr. Miller pode não entender isso. Ele pode achar que com o gato fora de casa, os ratos fizeram a festa."

Marilyn deu uma risada sem vontade.

"Acho que você tem razão, Colin. Antigamente, ele não parecia se preocupar com esse tipo de coisa, mas agora isso parece afetá-lo muito mais intensamente."

"Marilyn, querida, agora você é a esposa dele. E não importa o que você diga sobre o bilhete que encontrou em sua escrivaninha — ele te adora. Exatamente como eu, também."

Marilyn soltou um suspiro.

"O problema é que você não acredita no quanto é maravilhosa", eu disse. "Suponho que seja por causa de sua infância. Você acha que no final tudo que é bom vai ser tirado de você e por isso tem medo de ter esperança."

"Eu também adoro Arthur", Marilyn disse num sussurro. "É verdade. Ele é tão forte e tão inteligente. Além de ser um verdadeiro cavalheiro. Ele sempre me tratou como uma dama. Eu quis me casar com ele desde a primeira vez que o vi em Hollywood, tantos anos atrás..." Ela fez uma pausa.

"Eu acho que vocês foram feitos um para o outro", eu menti. "Você precisa de alguém que a leve a sério. Que consiga enxergar a pessoa maravilhosa que você é. Nenhum homem comum seria capaz disso."

Marilyn pareceu aliviada. "Caramba, Colin, como você consegue tão rapidamente me fazer sentir melhor."

"Você é ótima, Marilyn. E você vai ter uma esplêndida carreira e uma vida maravilhosa. E preste atenção, depois que a produção deste filme tiver acabado, você deverá tomar mais cuidado com os filmes que decidir fazer. Talvez você deva seguir os conselhos do Sr. Strasberg. Não com respeito a sua rotina diária, mas aos roteiros que você deva escolher. Ele é grande conhecedor de roteiros."

Paula ficou radiante, de repente, e virou minha aliada por toda a vida. Ela se levantou e foi até a porta. "Vou deixar você com Colin, agora", ela disse.

"Quando este filme acabar," Marilyn prosseguiu, "eu vou sossegar e me dedicar a ser uma boa esposa para Arthur. Vou aprender a fazer sopa de pão ázimo exatamente tão bem como o pai dele. Não vou voltar a fazer nenhum outro filme antes de ter mostrado a Arthur que sou capaz de cuidar dele. Com certeza, ele nunca mais vai querer me deixar."

"Então você entende o quanto é importante que ele não suspeite de ter havido qualquer coisa entre nós?"

"Não aconteceu nada sério. Ele não suspeitaria disso, não é mesmo? Isso seria terrível."

"Bem, mas ele pode suspeitar. Para que isso não aconteça, você terá que tomar muito cuidado. Não dizer absolutamente nada."

"Nada?"

"Nada. Imagine que reação ele poderia ter se achasse que eu fiz alguma coisa que tenha resultado na perda de seu bebê."

Marilyn suspirou.

"Lamento ser tão franco, Marilyn, mas ambos sabemos que eu não fiz nada. Apenas imagine, o que ele diria? O que ele faria? Eu sei o que aconteceria se eu estivesse no lugar dele e você fosse minha mulher."

Marilyn arregalou os olhos.

"Eu o mataria."

"Oh, Colin." Marilyn começou a soluçar. "Eu amo tanto Arthur. Como posso provar isso a ele? Como convencê-lo? Você acha que ainda vou poder dar um filho a ele? Você acha que ele quer ter um filho? Nós nunca tocamos nesse assunto. Eu sei que ele seria um pai maravilhoso. Porque ele é como um pai para mim. Jamais vou perdê-lo. Vou fazer tudo que ele quiser. Jamais vou voltar a decepcioná-lo."

"É claro que não, Marilyn. E eu acho que você nunca o decepcionou. Ele está receoso agora, exatamente como você. Vocês dois são artistas, grandes artistas. Você achava que ia ser fácil? Grandes artistas precisam de outros grandes artistas em suas vidas. É preciso que um entenda o outro. Mas sempre haverá conflitos — ocasionalmente. Um grande escritor como Arthur Miller tem que ser egoísta para poder criar sua obra-prima. E o mesmo acontece com você. É claro que para um ator como Olivier trata-se apenas de subir no palco e representar seu papel. Mas quando você tem um grande desempenho, você *torna-se* realmente o personagem; você sente suas dores e seus prazeres. Isso implica um tremendo esforço, mas é isso que faz de você uma estrela."

"Oh, Colin."

Marilyn estava começando a ficar animada. "Então, o que eu devo fazer agora?"

"Dê a Arthur uma grande recepção de boas-vindas. Mas nada de sexo, por enquanto. Diga a ele o quanto sentiu sua falta. Diga a ele que decidiu concentrar-se em terminar o filme o mais rápido possível. Diga a ele que não irá perturbá-lo quando estiver escrevendo." Milton havia dito que ele tinha prazo para entregar um trabalho. "Peça a ele que vá buscar você no estúdio todas as noites em que Paula estiver fora. E sempre que estiver com Paula aqui, não deixe que ela fique com você depois das 19h. Todas essas regras, Marilyn, são simples e eficientes e não difíceis demais para serem seguidas."

"Sim senhor", Marilyn disse fazendo uma continência. "Mais alguma coisa?"

"Sim. Nunca olhe para mim, nem mesmo de relance. Você pode ser uma grande atriz, mas como eu não sei atuar, minha expressão facial poderia facilmente revelar o que sinto."

"E o que você *sente*, Colin? Diga-me."

"Eu me sinto incrivelmente privilegiado por ter passado alguns dias na companhia da pessoa mais maravilhosa, corajosa e linda do mundo, mas..."

"Mas o quê?"

"Mas se alguma vez Arthur mencionar meu nome, você terá que dar de ombros e dizer, 'Colin? Ele é apenas um mensageiro, ninguém que tenha qualquer importância.'"

"Oh, Colin, eu não seria capaz de dizer isso. Mas eu entendo a situação de Arthur."

Marilyn ficou olhando com tristeza para a colcha. Mas então, de repente, sua expressão se iluminou.

"Sabe de uma coisa — eu vou piscar para você. Ninguém pode me impedir de piscar para você, mas você terá de piscar para mim em resposta. Quando as coisas ficarem pretas no estúdio, quando Sir Laurence se mostrar enfurecido, meus olhos irão em busca de Colin e piscarão. E é bom que você fique atento. Em breve, Paula irá voltar para Nova York, de maneira que talvez eu venha a piscar um bocado."

Aquela era uma saída tão corajosa e inocente de uma situação potencialmente trágica que eu peguei a mão de Marilyn de cima da colcha e beijei-a.

"Eu vou piscar para você também", eu disse. "Não tenha medo."

❖ ❖ ❖

P.S. (pós-escrito)

E FOI ASSIM QUE TUDO ACABOU. Um breve namorico entre um jovem de vinte e três anos e uma linda mulher casada, que era tão inocente quanto era madura.

Afinal, podia ter sido pior. Marilyn havia perdido o bebê, é claro, mas não tenho certeza de que essa tenha sido afinal uma coisa tão ruim. Eu simplesmente não conseguia imaginá-la no papel de mãe. Ela não havia tido ninguém para cuidá-la quando pequena e, consequentemente, não fazia ideia de como cuidar de alguém. Todas as vezes em que havia se casado, ela havia tentado desesperadamente tomar conta do marido, mas acabara sempre trocando os pés pelas mãos e eram eles que acabavam tomando conta dela. Ela era, receio ter que dizer, simplesmente centrada demais em si mesma.

Marilyn sempre afirmou ter em sua personalidade um lado sórdido, mas se isso era verdade, eu posso dizer honestamente que nunca vi. Confusa, assustada e totalmente carente de autoconfiança, ela não tinha aquele senso de identidade própria que é absolutamente essencial para se poder levar uma vida estável. Como muitas celebridades, ela se sentia incapaz de lidar com as demandas que lhe eram impostas e isso a levava rapidamente a suspeitar dos motivos das pessoas que ela havia permitido se aproximarem demais. Por sorte, eu nunca fiz parte dessa categoria e, portanto, pudemos continuar amigos.

A ideia de Marilyn de que possuía um lado sórdido a ajudava a explicar por que todos que se aproximavam dela acabavam no final a abandonando. Ela nunca sabia se podia confiar em alguém e a resposta a essa incerteza era provavelmente: "Ninguém, absolutamente ninguém no mundo inteiro" — por toda a sua vida.

Um motivo que a impedia de levar as pessoas consigo era ela própria não fazer a mínima ideia de para onde estava indo. No entanto, ela chegou lá. Ninguém pode negar isso e, basicamente, ela conseguiu isso sozinha.

Imagine quantas loiras em início de carreira foram — e pelo que sei, continuam sendo — abusadas por aqueles horrendos magnatas de Hollywood, noite após noite. Todas elas desapareceram, mas Marilyn não. Quase quarenta anos após sua morte, ela continua sendo a maior estrela de cinema do mundo.

Depois de nossa aventura, a filmagem prosseguiu como de costume no *set* de *O Príncipe Encantado* nos estúdios Pinewood. Marilyn passou a ser um pouco mais pontual e, em comparação com o comportamento que teve em seus filmes subsequentes, ela foi extremamente profissional. Todo o trabalho de edição de som, mixagem e sincronização, por exemplo, foi concluído em poucos dias, muito mais rapidamente do que alguém seria capaz de imaginar. Marilyn parecia ter renunciado a si mesma para primeiro concluir o filme e só depois se dedicar a ser a esposa perfeita de Arthur Miller, apesar de nunca deixar de olhar para ele com veneração e de obedecer a seu mínimo desejo.

Às vezes, ela piscava para mim no estúdio, especialmente quando Laurence Olivier parecia a ponto de explodir. Como aquilo aliviava as tensões, Olivier deixava pra lá. Na verdade, quando aquele filme terminou, ele me convidou para trabalhar com ele no teatro, como seu assistente pessoal. Dois anos depois, eu estava piscando para sua mulher, Vivien Leigh, que havia se tornado tão instável quanto Marilyn, dos bastidores do Teatro Municipal de Viena. Talvez eu tenha nascido para piscar.

Depois que Marilyn voltou para os Estados Unidos, eu nunca mais falei com ela — mas recebi um recado dela ou, pelo menos, é o que eu gosto de imaginar. No início de 1961, um amigo meu ligou de Nova York para o escritório de Olivier para me dizer que Marilyn Monroe havia lhe telefonado na noite anterior e deixado um número para eu ligar. Ele disse que não havia falado diretamente com ela, mas simplesmente encontrado o recado em sua mesa de trabalho. É claro que pode ter sido alguém pregando uma peça. Todos sabiam de meu apoio a Marilyn, apesar de ter ficado cada vez mais difícil fazer isso pelo fato de ela ter se tornado cada vez mais instável. O restante do círculo de Olivier, incluindo ele próprio, recebia com prazer as notícias de sua situação deteriorante como prova de que suas opiniões sobre ela haviam sido certas o tempo todo. Foi apenas no período final de sua vida que Olivier se mostrou capaz de sentir compaixão.

Quando eu recebi o recado, devo admitir que fiquei em dúvida. Afora a possibilidade de ser uma brincadeira, eu não tinha certeza de que era capaz de lidar com uma Marilyn perturbada do outro lado da linha. Ela era famosa por suas chamadas de longas conversas desconexas e eu sabia que não podia ajudá-la. Era evidentemente tarde demais para piscar.

Afinal, eu acabei discando o número e fiquei ouvindo os toques do telefone soando através da noite californiana. Mas ninguém atendeu e eu não me orgulho de confessar que me senti aliviado. Não é que eu a tivesse abandonado, com certeza não em meu coração. Mas a verdade é que naquela altura ninguém podia ajudá-la.

Pobre Marilyn. Seu tempo havia passado.

❖ ❖ ❖

APÊNDICE

Carta escrita por Colin Clark a Peter Pitt-Millward
Enviada para Portugal em 26 de Novembro de 1956

Prezado Peter,

Finalmente, terminamos de fazer o filme e eu estou de volta a Londres. Você não pode imaginar o alívio que é não ter de me levantar às seis e quinze da manhã e passar o dia num estúdio de filmagens abafado e lotado de prima-donas encrenqueiras. Foi preciso um total de dezoito semanas para fazer o filme, incluindo duas semanas de preparativos, e no final estávamos todos completamente esgotados. Eu pensava em você todas as noites e nem sempre de maneira muito agradável, porque era a hora do dia em que eu deveria escrever meu diário, como havia prometido a você. O problema era que normalmente eu estava muito cansado para datilografar, ou que o barulho da máquina de escrever não deixaria as pessoas dormir, de maneira que eu o escrevia à mão. Minha letra ia ficando cada vez pior até finalmente se tornar praticamente ilegível e a escrita toda virar uma mixórdia. Talvez algum dia eu transcrevesse o diário, mas tinha minhas dúvidas. Afinal, quem ia querer saber os detalhes do dia a dia da produção de um filme? Era, no entanto, uma experiência incrível trabalhar com Marilyn e Olivier. Não acho que na edição final do filme eles estejam melhor do que em meu diário, mas os dois são ambos "pessoas maravilhosas de conhecer". Dentro de algumas semanas, eu vou voltar a trabalhar com Olivier — dessa vez no teatro — e embora provavelmente nunca volte a encontrar Marilyn, com certeza jamais a esquecerei. Bem, até mesmo você é um de seus fãs, apesar de não ter assistido a nenhum de seus filmes.

O problema com Marilyn está em ela abarcar uma multiplicidade de traços. Ela pode ser terna, engraçada e inocente; e pode se mostrar durona como uma empreendedora ambiciosa; pode ser totalmente carente de autoconfiança; e pode causar a impressão nítida de uma Ofélia depois que Hamlet se foi. Como ela é também uma excelente atriz com seu próprio estilo — não à maneira de Olivier, é claro, mas acho que ela está *melhor* do que ele neste filme — você vai entender porque é terrivelmente difícil definir esta mulher.

Pobre do velho Olivier que absolutamente não soube valorizar essas qualidades. Tudo que ele conseguia enxergar era uma loira de Hollywood que chegava sempre atrasada, não decorava seu texto e se recusava a seguir suas orientações. Acho que quando ele a encontrou pela primeira vez, e concordou em fazer o filme, ele pensou que poderia ter um caso com ela. Mas depois de algumas semanas trabalhando no *set*, ele seria capaz de estrangulá-la com suas próprias mãos. Marilyn é mais astuta do que parece e ela estava bem ciente do que Olivier e sua equipe inglesa escolhida a dedo pensavam a seu respeito. Ela tinha sua própria equipe de apoio que havia trazido dos Estados Unidos — seu sócio, Milton Greene, Lee e Paula Strasberg, uma secretária chamada Hedda e seu novo marido, Arthur Miller. Com certeza, eles não formavam a equipe que eu teria escolhido... São todos judeus — como também seu advogado, seu agente e seu pessoal de publicidade — enquanto Marilyn é uma loira típica da Califórnia; como eles conseguem entender a maneira de sua mente funcionar, só Deus sabe.

Não é de admirar que a pobre mulher pareça muitas vezes tão aturdida!

Por ocasião da chegada de Marilyn, eu não estava muito interessado nela. Afinal, eu conheço Vivien Leigh intimamente e Marilyn havia roubado o papel de Vivien no filme e toda a minha lealdade era para com os Olivier. Mas aos poucos, me vi sendo seduzido pela imagem de Marilyn; sua aura é realmente muito impressionante. Gradualmente, apenas trabalhar com ela não era suficiente. Eu estava decidido a conhecê-la mais diretamente, embora, como terceiro assistente de produção, eu era a pessoa mais insignificante de toda a equipe de produção — e isso parecia totalmente improvável. No entanto, não impossível. Quando trabalhava no escritório, fui eu quem contratou os criados de Marilyn, como também seu guarda-costas (ex-membro da Scotland Yard) e quem alugou a casa em que ela estava morando e, por isso, uma noite inventei uma desculpa para ir lá tentar a sorte. Imagine minha surpresa quando encontrei a grande estrela — mas de forma alguma nas circunstâncias que eu esperava. Fiquei tão absolutamente perplexo que deixei de escrever em meu diário por toda uma semana e, quando recomecei a escrever, alterei as datas para o caso de ele ir parar nas mãos de alguém. Eu considerei seriamente a possibilidade de ser processado ou simplesmente eliminado. É difícil imaginar, mas há tanto dinheiro apostado na bela cabeça loira de Marilyn que as pessoas são capazes de extremas crueldades.

O que na realidade aconteceu foi que após alguns tragos com Roger (o ex-tira), eu saí para ir ao banheiro e me deparei diretamente com Marilyn, sentada no chão do corredor às escuras, do lado de fora de seu quarto. Se ela havia brigado ou não com Arthur Miller, eu não sei. Ela simplesmente ficou me olhando sem dizer nada, de maneira que eu retrocedi o mais rápido que pude para me livrar daquela situação embaraçosa. Se ela tivesse dado queixa de mim no dia seguinte, eu teria certamente sido despedido. Mas ela não disse nada, apesar de *ter* lembrado, e após a filmagem, ter me chamado para ir a seu camarim e me perguntado se eu era espião. Por sorte, eu podia jurar de pés juntos que não era nenhum espião e, devo dizer também, que senti muita pena dela. Ela não tinha muitos amigos (se é que tinha algum) de verdade e Miller havia lhe comunicado que viajaria a Paris e Nova York pelos próximos dez dias. Isso quando eles deveriam estar em lua de mel. Eu fiquei tão agradecido a Marilyn por ela não ter dito nada a ninguém a respeito daquela minha traquinada que imediatamente jurei minha eterna lealdade a ela — o que era um pouco temerário, uma vez que Laurence Olivier era meu chefe.

Eu não disse nada a ninguém sobre o que havia acontecido e dei o caso por encerrado, mas no dia seguinte, Marilyn telefonou para o camarim de Olivier para falar comigo. Ela não havia ido trabalhar para ficar com Arthur até o momento de sua partida e me pediu para dar uma passada de novo em sua casa na volta do trabalho. Eu achei que ela tivesse mais mensagens ou coisa parecida para eu transmitir a Olivier. Naquela época, ela tinha muita dificuldade para falar diretamente com ele. Mesmo assim, eu não disse a Olivier onde iria, para o caso de ele achar que eu estava tramando algo pelas costas dele. Então, quando eu cheguei em sua casa, Marilyn me convidou para ficar para jantar e eu pude perceber que ela estava sozinha e simplesmente queria alguém para conversar. Eu tenho seis anos menos do que ela e suponho ser uma das poucas pessoas que não tentava obter alguma vantagem dela.

Em todo caso, nós estávamos nos dando extremamente bem quando Miller — sim, eu sabia que era o marido dela — resolveu telefonar de Paris. Marilyn imediatamente adotou uma postura curvada e defensiva e eu tratei de dar no pé.

Marilyn não apareceu no estúdio no dia seguinte — Olivier havia dado a ela um dia de folga — mas todo mundo parecia saber que eu havia jantado com ela. Olivier achou aquilo espantosamente engraçado. Como era de se esperar, ele confiava totalmente em minha lealdade. Milton Greene, enquanto sócio de Marilyn, teve um perfeito chilique. Para piorar as coisas, Marilyn havia dito a Miller que eu estava lá quando ele ligou — para provocar ciúmes, eu suponho — e o resultado disso foi a proibição de eu voltar a falar com Marilyn, sob pena de morte. Uma lástima, eu pensei, mas o que se esperava que um homem fizesse! No entanto, eu logo aprenderia a lição: você não pode se envolver com Marilyn sem ser envolvido por Marilyn. O dia seguinte era sábado. Eu estava morando com um casal muito amável, Tony e Anne Bushell, que são grandes amigos de Olivier. Tony é um dos diretores do filme e, como tal, ele não aprova Marilyn de maneira alguma. Um pouco antes do almoço, Roger, o tira, apareceu lá em casa em seu velho carro, anunciando que tinha ido me buscar para um passeio. Assim que nos afastamos da casa, Marilyn saltou de baixo de um tapete sobre o banco traseiro, quase me provocando um ataque cardíaco, isso sem contar a perseguição de Tony Bushell. Ela estava de saco cheio de sua casa sufocante, foi o que ela disse, e queria viver uma aventura.

Levei-a, portanto, ao Palácio de Windsor, onde encontramos o meu padrinho, Owen Morshead, que é o bibliotecário do palácio. Ele nos levou para conhecer as típicas atrações do palácio, que Marilyn pareceu apreciar, e depois a levei para conhecer o Eton [meu antigo colégio]. Era um esplêndido dia ensolarado e Marilyn não podia estar mais alegre nem mais espontânea, mas mesmo assim eu estava bastante apreensivo. Afinal, ela é a estrela de cinema mais famosa do mundo. Uma hora, ela demonstrou seu poder. "O que você acha de eu ser *ela*, Colin?" Marilyn perguntou, quando deixávamos o Palácio de Windsor, fazendo seu famoso meneio. Ela foi imediatamente reconhecida e começou a se formar um ajuntamento tal de pessoas que nós tivemos de entrar correndo no carro e fugir dali.

Quando entramos em sua casa, o advogado de Marilyn estava à minha espera, pronto para me despejar ameaças terríveis, mas Marilyn mostrou-se à altura de sua condição de estrela e ameaçou-o dizendo que, se levantasse um dedo contra mim, seria ele a ser despedido e não eu. Ainda assim, eu passei o domingo de cabeça baixa. Todo mundo estava comentando como se Marilyn e eu tivéssemos um caso, o que era muito lisonjeiro para mim, mas completamente sem pé nem cabeça. Milton Greene me procurou para fazer uma longa preleção sobre os riscos de me envolver — ele parece achar que Marilyn Monroe é *propriedade sua* — e eu concordei em não levar a amizade adiante. Segunda-feira foi apenas um dia normal no estúdio. Marilyn não apareceu e eu achei que estava tudo encerrado.

Mas no meio da noite, eis que lá estava o pequeno Milton de novo, do lado de fora da janela do meu quarto, perguntando se eu podia me vestir e ir imediatamente à casa de Marilyn. Ela havia se trancado em seu quarto e não respondia aos chamados de ninguém. "Por que ela faria isso?" eu pensei, mas acho que estava lisonjeado por ser convocado a ajudar. Eu fui para lá e me juntei ao pequeno grupo de bocós suplicando do lado de fora de sua porta, mas inutilmente. Finalmente, eu tive uma ideia. Fui até a garagem, seguido de Roger, o tira, onde encontrei uma escada. Coloquei-a contra a parede embaixo da janela de Marilyn e, subindo por ela, entrei em seu quarto. Tudo que eu pretendia fazer era abrir a porta de seu quarto para que suas assistentes pudessem entrar e ver como Marilyn estava. Pelos sons que emitia, eu percebi que ela ao menos estava viva. Mas como ela havia tirado a chave da fechadura, eu não podia sair sem acordá-la e ser pego *em flagrante*. Eu voltei até a janela, mas como Roger já havia desaparecido com a escada, não havia nada que eu pudesse fazer a não ser tirar uma soneca e aguardar o amanhecer, quando eu poderia encontrar a chave e dar o fora. Uma hora depois, no entanto, Marilyn acordou. Não há nenhuma dúvida de que no início ela se mostrou assustada, especialmente por lembrar claramente que havia trancado a porta. Eu consegui acalmá--la e, então, de repente, associando a situação com a de *Romeu e Julieta* — eu entrando pela sacada — ela se mostrou muito terna e amável. Ela disse que não queria ficar sozinha e, por isso, eu passei o resto da noite ali (sim, me comportei de maneira impecável) e consegui persuadi-la a ir bem cedo para o estúdio na manhã seguinte. Ela na realidade foi e, com esse comportamento, melhorou sua relação com Olivier e o resto da equipe; e eu fui considerado por isso uma espécie de herói.

Na noite seguinte, eu havia decidido que não devia dormir lá de novo, mas como Marilyn realmente passou mal, eu disse que ficaria até ela adormecer — ela tem muita dificuldade para dormir e, como você sabe, costuma tomar pílulas — e estava com cólicas terríveis e eu tive de acordar toda a casa e chamar um médico. (Pra variar, acabei descobrindo que ele era o marido de Ninette de Valois, a diretora do Sadler's Wells Ballet, que eu conheço bastante bem. Que coincidência!) Achei que Marilyn não estava correndo nenhum perigo e, por isso, fui embora. Quer dizer, depois de duas noites, as pessoas podiam facilmente estar tirando conclusões equivocadas e achando que o problema de Marilyn tivesse, de alguma maneira, sido causado por mim. E não era que Marilyn fosse apenas uma garota aventureira ou coisa parecida. Acima de qualquer outra coisa, ela era CASADA e, como se isso não bastasse, Arthur Miller estava se apressando a voltar de Nova York no dia seguinte, quatro dias antes do previsto. Eu teria que me manter de cabeça baixa o máximo possível pela próxima semana e voltar a ser o garoto mensageiro em quem todo mundo podia mandar. Mas aquela tinha sido uma grande aventura.

Eu contei isso tudo a você em lugar do diário do filme, porque se fosse incluído nele, seria a sua melhor parte, se é que você entende o que eu estou querendo dizer. Todo esse material pode parecer um monte de bobagens sem sentido, visto por alguém que está tão longe, mas, por favor, guarde-o até eu inseri-lo no diário, por mais desordenado que esteja. Talvez algum dia eu queira reescrever tudo isso numa linguagem mais apropriada.

Seu amigo de sempre,

Colin

Conheça outros títulos da editora em:
www.editoraseoman.com.br